새로운 도서, 다양한 자료 동양북스 홈페이지에서 만나보세요!

www.dongyangbooks.com
m.dongyangbooks.com

홈페이지 도서 자료실에서 학습자료 및 MP3 무료 다운로드

PC

❶ 홈페이지 접속 후 **도서 자료실** 클릭
❷ **하단 검색 창**에 검색어 입력
❸ MP3, 정답과 해설, 부가자료 등 첨부파일 다운로드
  * 원하는 자료가 없는 경우 '요청하기' 클릭!

MOBILE

* 반드시 '인터넷, Safari, Chrome' App을 이용하여 홈페이지에 접속해주세요. (네이버, 다음 App 이용 시 첨부파일의 확장자명이 변경되어 저장되는 오류가 발생할 수 있습니다.)

❶ 홈페이지 접속 후 ☰ 터치

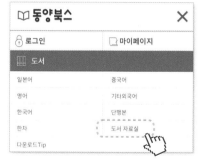

❷ **도서 자료실** 터치

❸ **하단 검색창**에 검색어 입력
❹ MP3, 정답과 해설, 부가자료 등 첨부파일 다운로드
  * 압축 해제 방법은 '다운로드 Tip' 참고

500만 독자가 선택한

가장 쉬운
독학 일본어 첫걸음
14,000원

가장 쉬운
독학 중국어 첫걸음
14,000원

가장 쉬운
독학 베트남어 첫걸음
15,000원

가장 쉬운
독학 스페인어 첫걸음
15,000원

가장 쉬운
독학 프랑스어 첫걸음
16,500원

가장 쉬운
독학 태국어 첫걸음
16,500원

가장 쉬운
프랑스어 첫걸음의 모든 것
17,000원

가장 쉬운
독일어 첫걸음의 모든 것
18,000원

가장 쉬운
스페인어 첫걸음의 모든 것
14,500원

첫걸음 베스트 1위!

가장 쉬운 러시아어
첫걸음의 모든 것
16,000원

가장 쉬운 이탈리아어
첫걸음의 모든 것
17,500원

가장 쉬운 포르투갈어
첫걸음의 모든 것
18,000원

버전업! 가장 쉬운
베트남어 첫걸음
16,000원

가장 쉬운 터키어
첫걸음의 모든 것
16,500원

버전업! 가장 쉬운
아랍어 첫걸음
18,500원

가장 쉬운 인도네시아어
첫걸음의 모든 것
18,500원

버전업! 가장 쉬운
태국어 첫걸음
16,800원

가장 쉬운 영어
첫걸음의 모든 것
16,500원

버전업! 굿모닝
독학 일본어 첫걸음
14,500원

가장 쉬운 중국어
첫걸음의 모든 것
14,500원

가장 쉬운 독학
중국어 첫걸음

가장 쉬운 독학
일본어 첫걸음

오늘부터는
팟캐스트로 공부하자!

팟캐스트 무료 음성 강의

▶1

iOS 사용자

Podcast 앱에서
'동양북스' 검색

▶2

안드로이드 사용자

플레이스토어에서 '팟빵' 등
팟캐스트 앱 다운로드,
다운받은 앱에서
'동양북스' 검색

▶3

PC에서

팟빵(www.podbbang.com)에서
'동양북스' 검색
애플 iTunes 프로그램에서
'동양북스' 검색

◎ **현재 서비스 중인 강의 목록** (팟캐스트 강의는 수시로 업데이트 됩니다.)

- 가장 쉬운 독학 일본어 첫걸음
- 페이의 적재적소 중국어
- 가장 쉬운 독학 중국어 첫걸음
- 중국어 한글로 시작해
- 가장 쉬운 독학 베트남어 첫걸음

방구석에서 나혼자 공부하는 **중국어 첫걸음!**

어서와~ **중국어는 처음이지?** 직장인편

이승해 지음

동양북스

방구석에서 나혼자 공부하는 **중국어 첫걸음!**

초판 인쇄 | 2020년 7월 30일
초판 발행 | 2020년 8월 7일

지은이 | 이승해
발행인 | 김태웅
마케팅 | 나재승
제 작 | 현대순

발행처 | (주)동양북스
등 록 | 제 2014-000055호
주 소 | 서울시 마포구 동교로 22길 14 (04030)
구입 문의 | 전화 (02)337-1737 팩스 (02)334-6624
내용 문의 | 전화 (02)337-1762 dybooks2@gmail.com

ISBN 979-11-5768-642-1 13720

이 도서의 국립중앙도서관 출판예정도서목록(CIP)은 서지정보유통지원시스템 홈페이지(http://seoji.nl.go.kr)와
국가자료공동목록시스템(http://www.nl.go.kr/ kolisnet)에서 이용하실 수 있습니다.
(CIP제어번호:CIP2020028729)

저자의 말

'직장인 중국어'에 목마른 대한민국 모든 샐러리맨, 비즈니스맨들이여!
이 책을 받으라~!

몇 년 전, 중국 최고의 출판사에서 '실용 비즈니스 중국어' 시리즈 교재를 '한·중·일·영' 네 가지 언어로 출간하는 프로젝트가 있었는데, 내가 그 시리즈의 한국어 번역을 담당했다. 한 달 내내 번역을 하면서 느낀 건, '한국이든 중국이든 중급 이상의 학생들을 위한 '비즈니스 중국어' 책들은 정말 다양한데, 왜 가장 시급한 '왕초보 직장인 학습자'들을 위한 교재는 없을까.'라는 안타까움이었다.

시장 조사 후 내린 결론은 간단했다. 지금까지 그런 요소를 갖춘 교재가 없었기 때문이다. '왜?' 하는 질문엔 다들 '그거야 당연하지, 어떻게 왕초보가 비즈니스 중국어를!' 이라는 반응이었다. 하지만 시중의 첫걸음 책들은 직장인들의 생활 영역과 직접적으로 관련이 없어 실생활과 업무에 바로 활용할 수 없었다. 학생 중심의 단어와 상황 회화들은 직장인 학습자들의 흥미를 쉽게 떨어뜨렸고, 정작 필요한 표현들은 배우지도 못한 채 중도 포기하게 만들었다. 이런 상황을 직접 보면서 나는 본격적으로 샐러리맨, 비즈니스맨들을 대상으로 한 '뼛속부터 비즈니스'적인 '직장인 왕초보 중국어 교재'를 집필하기 위해 준비했다.

중국어를 처음 배우는 직장인을 위한 왕초보 중국어 교재를 만들기 위해 1년여 동안 '직장인들을 위한 맞춤식 발음·문법 강의', '나는 비즈니스 회화 하며 문법 다진다' '서바이벌 주재원 중국어' 등의 주제로 여러 기업체 수십 명의 직장인들에게 시범 수업을 진행했다.

성조 그래프를 통해 발음을 정확하면서도 쉽게 공부하도록 했고, 직장 생활을 주제로 한 단어와 문장을 엄선하여 수록했다. 꼭 필요한 문법만 설명하여 어려운 문법에 대한 부담을 줄였으며, 재미있는 연습문제와 자연스럽게 배운 걸 확인할 수 있는 '종합 정리 과'를 구성해 복습까지 연결되도록 했다.

끝으로, 이 책이 세상에 빨리 나올 수 있도록 열심히 일해 준 편집부 식구들, 또 기꺼이 '직장인 중국어'의 베타테스터가 되어 책의 구성과 내용에 많은 소스를 제공해 주신 우리 '하이닉스 8제자'님들, 여러 기업 해외 법인의 주재원 분들을 비롯한 모든 임직원 여러분께 진심으로 감사의 마음을 전한다.

차례

이 책의 구성과 특징

나는 이미 중국어를 하고 있었다!

파파라치가 밀착 취재한 듯 리얼하게 그려낸 직장인 생활 카툰으로 중국어 발음을 쉽게 이해하자.

중국어의 성모를 재미있는 카툰으로 구성하였습니다. 직장인들의 이야기를 소재로 한 만화 속 이 대리의 대사를 보면서 우리가 늘 하던 말 속에 숨어 있었던 중국어 발음을 익혀 보세요.

성조 그래프만 있으면 중국어가 술술!

회화의 중심 뼈대가 되는 네 가지 기본 표현을 성조 그래프와 함께 정확하게 읽어 보자.

성조 그래프를 보면서 책의 전체 회화문을 완벽하게 읽을 수 있습니다. 회화의 기본이 되는 문장들을 성조 그래프를 보면서 정확하게 읽어 보고, 새로 나오는 단어와 해석을 참고해서 내용을 파악하세요. 뒤에 이어지는 회화문을 자연스럽게 이해할 수 있습니다.

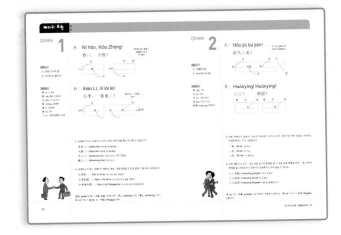

직장인의 시간을 아껴 주는 공부 순서

1. 만화로 발음 익히기
가벼운 마음으로 만화와 함께 중국어 발음을 공부하세요. 정확한 발음은 저자 직강 동영상 강의를 보면서 꼭 따라 하세요.

2. 한 과를 소개하는 큰 그림으로 분위기 살피기
각 단원에서 배울 내용과 상황을 주인공 이 대리의 모습으로 짐작해 보세요.

3. 1~5과는 발음에 신경 쓰기
1과부터 5과까지는 중국어 발음과 더 친해질 수 있게 충분히 연습하세요.

4. 뼈다귀 표현 달달 외우기
각 과마다 4개의 뼈다귀 표현을 무조건 외우세요. 회화의 기본이 되는 중요한 표현이므로 뼈다귀 표현만 제대로 공부하면 응용과 확장으로 연결되는 다른 문장 학습이 훨씬 수월해집니다.

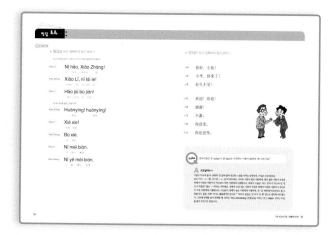

공감 백배! 이건 내 얘기잖아!

직장인들의 생활이 고스란히 담겨 있는 12가지 상황별 회화로 재미있게 뼈다귀를 맞춰 보자.

앞에서 배운 뼈다귀 표현들을 모으면 한 과의 회화문이 이루어집니다. 한 문장씩 익혔던 성조 그래프를 떠올리면서 먼저 병음만 보고 정확하게 읽어 보고, 내용을 생각하며 한자만 보고 다시 읽어 보세요. 병음을 읽을 때는 되도록 한글 발음은 보지 마세요.

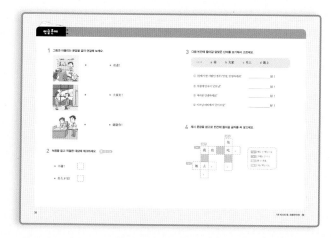

문제가 잘 풀리니 진도가 잘 나간다!

실력을 탄탄대로로 이끌어 주는 부담 없는 연습문제를 풀면서 가벼운 마음으로 배운 걸 정리해 보자.

그림 보고 선 긋기, 문장 듣고 체크하기, 맞는 것 고르기, 가로세로 퍼즐 문제 등을 수록하여 내용 파악, 듣기, 쓰기를 골고루 할 수 있도록 구성했습니다. 문제를 풀면서 한 과를 얼만큼 소화했는지 확인해 보세요. 정답은 맨 뒤쪽에 수록되어 있습니다.

5. 6~12과는 문장 응용력 키우기

6과부터 12과까지는 중요한 문형 중심으로 다양한 단어를 많이 접하세요. 이미 배운 문장들을 비즈니스 단어로 교체해서 연습하므로 실전에서 더 유용하게 사용할 수 있습니다.

6. 병음 한 번, 한자 한 번 본문 읽기

병음과 중국어에 익숙해질수록 중국어 실력은 빨리 향상됩니다. 뼈다귀 표현에서 다뤘던 문장들이므로 병음 없는 중국어 문장도 어렵지 않게 읽을 수 있습니다.

7. 아주 간단한 문법 알고 넘어가기

각 단원에서 나온 문법적 요소를 초보자가 알아야 할 기초적인 것만 간단하게 설명했습니다. 한글 중심의 친절한 설명으로 중국어 문법에 대한 개념을 차근차근 이해하세요.

8. 연습문제로 중간 점검하기

단원마다 연습문제를 꼭 풀고 넘어가야 자신의 실력을 확인하며 성취감을 맛볼 수 있습니다.

❖ 눈코입 성조 그래프

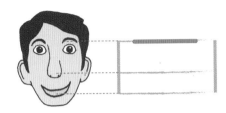

성조의 위치를 나타내고 정확한 발음을 표기한 성조 그래프를 모든 문장에 삽입하였습니다. 중국어를 하나하나 짚어 주는 선과 점을 따라 정확한 성조와 발음을 쉽게 익힐 수 있습니다. 그래프에 대한 자세한 설명은 P. 11에 나와 있어요~

❖ 숨어 있는 종합 정리 과

5, 10, 12과는 앞에서 배운 사항들을 바탕으로 본문을 새롭게 구성한 '종합 정리 과'입니다. 이미 학습한 문형이나 구문을 자연스럽게 복습하면서 새로운 문장을 익힐 수 있는 단원입니다. 해당되는 과를 본문에 표기했으니 부족한 부분은 앞으로 되돌아가서 다시 확인하세요~

❖ 주인공은 이 대리

대리 이재근
Lǐ Zàigēn
李 在 根

이 책의 주인공으로 중국 지사에서 근무하게 되는 28세의 회사원입니다. 중국 동료들은 '미스터 리' (小李 Xiǎo Lǐ)로 부르며 한국 동료들 사이에서는 보통 '이 대리'로 통합니다~

Nǐ hǎo~

중국어의 구성과 발음

중국어의 구성

중국어는 글자 자체(자음 + 모음)가 발음기호인 한국어와 달리, 한자만으로는 음을 알 수가 없어요. 대신 한자마다 나타내는 발음기호가 따로 있는데, 이것을 '병음'이라고 합니다. 병음은 앞에서 구체적인 소리를 내는 성모(자음과 비슷, 21개)와 그 뒤에서 음을 받쳐 주는 운모(36개), 말의 높낮이를 나타내는 성조로 구성되어 있지요. 운모는 병음에서 성모 부분을 뺀 뒷부분 전부를 말하는데, 모음만으로 이루어질 때도 있고, 모음과 자음으로 구성될 때도 있습니다.

◯ 他(타)와 汉(한)을 예로 들어 한국어와 중국어를 자세히 비교해 봅시다.

언어	한국어	중국어
글자	한글 : 타 / 한	한자 : 他 / 汉
발음기호	불필요(발음기호 = 한글) 타 / 한	필요(발음 기호 = 병음) Tā / Hàn
발음 구성	자음 + 모음 ㅌ + ㅏ ㅎ + ㅏㄴ …모음+받침 소리를 받쳐 주는 음 소리를 내는 음	성모 + 운모 + 성조 T + ā …모음 H + àn …모음+자음 소리를 받쳐 주는 음 소리를 내는 음
말의 높낮이	평성	성조 : 1성 / 4성

10

성조는 중국어 음의 높낮이를 나타내는데, 크게 5개가 있어요. 그중 1, 2, 3, 4성은 구체적인 높낮이를 가지고 있지만, 경성은 가볍게 발음해 주는 게 특징이에요.

경성을 제외한 4가지 성조는 부호로 표기하는데, 운모 중에서도 '모음' 위에 표시한답니다. 만약 두 개 이상의 모음으로 이루어진 경우, 성조 표시가 있는 모음을 더 강하고 길게 읽어 주세요. 발음이 같은 단어라도 성조가 다르면 뜻도 다르기 때문에, 성조 학습은 굉장히 중요하답니다!

1성	2성	3성	4성	경성
ā	á	ǎ	à	a

❖ 승해 쌤의 '눈 코 입' 성조 학습법

중국어 성조를 '얼굴'을 이용해서 익혀 봅시다! 일단 거울을 보면서 R&B나 발라드 가수가 노래 부를 때의 모습을 떠올려 보세요. 보통 고음을 낼 땐 눈썹을 치켜 세우거나 고개를 위로 젖히고, 저음을 낼 땐 턱을 아래로 당겨 고개를 숙이죠? 그 모습을 생각하면 한국어의 일반적인 소리 높이는 '코'라고 할 수 있어요. 중국어는 코를 중심으로 높아지기도 낮아지기도 한다고 생각합시다. 이제~ 얼굴의 '눈, 코, 입' 세 부위를 기준으로 해서, 손짓으로 각 성조의 높이를 정확히 익혀 봐요!

◐ '눈 코 입' 성조 그래프

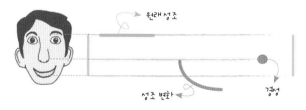

앞으로 자주 보게 될 성조 그래프입니다. 눈과 코, 입의 간격을 생각하면서 색깔 선을 따라 발음해 보세요. 원래의 그 단어 자체가 가진 성조는 파랑, 변화 후의 성조나 앞에 오는 성조에 따라 위치가 바뀌는 경성은 빨강으로 표시합니다.

눈 위치에서 평성으로 발음하는 성조

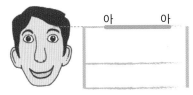

손을 이용한 연습

힌트 치과에 가면 의사 쌤에게 '아~'

2성 코 위치(편안한 상태)에서 눈 위치로 부드럽게 올려 발음하는 성조

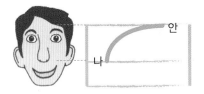

턱을 이용한 연습

힌트 서태지의 노래 '난~ 알아요!'에서 '나~안'

3성 코 위치(편안한 상태)에서 목젖 위치까지 천천히 부드럽게 내려갔다가, 조금 빠른 속도로 제 위치로 올려 주는 성조

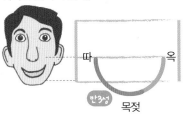

턱을 이용한 연습

힌트 동요 '따오기'의 '따옥 따옥 따~옥 소리'에서 '따~옥'

◆ **3성의 성조 변화**

① 3성 + 3성 　　　　　　 → 　2성 + 3성
② 3성 + 1성 / 2성 / 4성 / 경성 　 → 　반3성 + 1성 / 2성 / 4성 / 경성

반3성 부드럽게 목젖 위치까지 내려 주는 단계까지만 발음하는 성조

◆ **무조건 따라 해 봐요**

변화 ① 적용! 　 니 하오 　 니 여우 　　　　 변화 ② 적용! 　 니 라이 　 니 취
　　　　　　　 nǐ hǎo 　 nǐ yǒu 　　　　　　　　　　 **nǐ lái 　 nǐ qù**

4성 눈 위치에서 입 위치로 단숨에 강하게 내리꽂으며 발음하는 성조

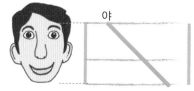
야

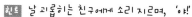

손을 이용한 연습

힌트 날 괴롭히는 친구에게 소리 지르며, '야!'

 경성 경성은 늘 1성, 2성, 3성, 4성의 뒤에 위치하며, 앞에 몇 성이 오는지에 따라 높낮이가 달라진답니다. 그렇기 때문에 늘 다른 성조와 조합해서 연습해 줘야 해요~

● 무조건 따라 해 봐요

1성 + 경성	2성 + 경성	3성 + 경성	4성 + 경성
māma	yéye	nǎinai	bàba

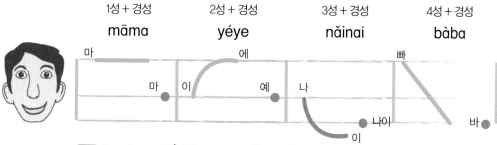

힌트 주사 앞에서 엄살을 부리듯, 가볍고 약하게 '야'

중국어 기본 단운모 6개를 알아 봅시다. 모음이 2개 이상이면 중요한 순서에 맞춰 성조표시를 하니 아래의 순서를 기억하세요~

$$a > o \ e > i \ u \ ü$$

자신 있게 입을 크게 벌리고 '아~'
- ma 마

입술을 둥글게 만 상태로 '오' 하고 발음하다가, 입술을 살짝 풀어 주기만 하면, 자연스럽게 '어' 발음이 이어져 나게 돼 있습니다. '오' 발음 뒤에 '어' 발음이 살짝 따라붙는 느낌으로 '오(어)~'
- pó 포(어)/포(X)

'으' 하고 발음하다가, 앞으로 나온 턱을 다시 안쪽으로 끌어당기면, 자연스럽게 '어' 발음이 이어져 나게 돼 있습니다. '으' 발음 뒤에 '어' 발음이 살짝 따라붙는 느낌으로 '으(어)~'
- è 으(어)/으(X)

크게 스마일 표정을 지으며, '이~'
- qī 치~

입술을 동그랗게 말고 앞으로 쭉 빼주면서, '우~'
- bù 뿌

입술모양은 '우', 발음은 '위~'
- nǚ 뉘~이

➡ 단운모 i u ü가 단독으로 쓰일 때는 각각 yi (이) wu (우) yu (위)로 표기합니다.

CD 1-03

한국어의 자음 'ㄱ ㄴ ㄷ'을 '기역, 니은, 디귿'이라고 읽고, 영어의 자음 'b c d'를 '비 씨 디'라고 읽는 것처럼 중국어 성모도 읽는 방법이 따로 있답니다~ 21가지 성모를 만화로 배워 봐요~

★ 아래 네 가지 성모를 읽을 때는 운모 o (오(어))와 함께 발음합니다.

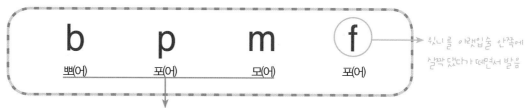

포개진 두 입술을 순간적으로 튕기면서 발음. 입 모양은 같은데 튕겨 주는 세기가 달라요. (p 〉 b 〉 m) 묵지빠의 '빠', 파무침의 '파,' 망나니의 '망'처럼.

◑ 다른 운모와 함께 발음해 봐요

bàba 아빠	pópo 시어머니	māma 엄마	fùmǔ 부모님
빠바	포(어)포(어)	마마	푸무

중국어의 구성과 발음 15

★ 아래 네 가지 성모를 읽을 때는 운모 e (으(어))와 함께 발음합니다.

d	t	n	l
뜨(어)	트(어)	느(어)	르(어)

혀끝을 윗니 뒤쪽에 댔다가, 튕기듯 떼면서 발음.
따따따 나팔소리의 '따', 투정 '투', 라~라~라~의 '라'처럼.

다른 운모와 함께 발음해 봐요

dìdi 남동생	tā 그 사람	nǐ 너	lái 오다
띠디	타	니	라이

★ 아래 세 가지 성모를 읽을 때는 운모 e (으(어))와 함께 발음합니다.

g k h
끄(어) 크(어) 흐(어)

혀뿌리에 힘을 주고, 밖으로 바람을 내뿜으며 발음.

트림할 때 '끄억' 소리, 목에 뭔가 걸렸을 때 '켁켁' 소리, 언 손을 녹일 때 '호호~' 소리처럼.

◐ 다른 운모와 함께 발음해 봐요

gēge 형, 오빠   kělè 콜라   hē 마시다
끄(어)그(어)   크(어)르(어)   흐(어)

★ 아래 세 가지 성모를 읽을 때는 운모 i (이)와 함께 발음합니다.

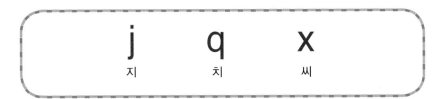

입을 옆으로 크게 벌리고 발음. 지팡이의 '지', 치아의 '치', 비타민 C의 '씨'처럼.

◐ 다른 운모와 함께 발음해 봐요

jiějie 누나, 언니	qù 가다	xièxie 고맙다
지에지에	취	씨에시에

U 앞에 성모 j/q/x가 오면 '위(ü)'로 발음해요

★ 아래 네 가지 성모를 읽을 때는 운모 i (으)와 함께 발음합니다.

| zh | ch | sh | r |
| 즈 | 츠 | 스 | 르 |

'슬슬슬…' 하고 발음할 때 구부러진 혀에서 힘을 빼고 바람이 새는 것처럼 강하지 않게 발음.
쟝끌로드 반담의 '쟝', 츄리닝의 '츄', 샤머니즘의 '샤', 슈거의 '슈'처럼.

★ 운모 u를 붙여 읽으면 발음이 더 쉬워요.

일단! zhu크박스에 음악을 골라 넣고!

편안한 chu리닝으로 갈아입은 다음~

'우린 shu퍼 스타' ♪♪~♫

스트레스 풀고 싶은 사람은 이리 ru~ 오세요~

● 다른 운모와 함께 발음해 봐요

| **zhāng** 장(성씨) | **chī** 먹다 | **shí** 10 | **rén** 사람 |
| 쟝 | 츠 | 스 | 르(언) |

i 앞에 성모 zh/ch/sh/r/z/c/s가 오면, '으'로 발음해요.

★ 아래 세 가지 성모를 읽을 때는 운모 i (으)와 함께 발음합니다.

Z	C	S
쯔	츠	쓰

혀끝을 윗잇몸에 댔다가, 바람을 세게 불며 떼어 내면서 발음.
쭈쭈바의 '쭈', 왈츠의 '츠', 쓰리랑카의 '쓰'처럼.

◐ 다른 운모와 함께 발음해 봐요

zāng 더럽다	**cài** 요리	**sì** 4, 넷
짱	차이	쓰

i 앞에성모 zh/ch/sh/r/z/c/
s가 오면 '으'로 발음해요

복운모

CD 1-04

두 개 이상의 운모가 결합되어 만들어진 운모를 '복운모'라고 합니다. 발음하는 강세, 비중 등에 따라 전향 · 후향 · 중향운모로 나누어서 알아 봐요.

1 전향운모

두 개의 운모 중 중요한 운모가 앞에 위치해서, 강세와 길이의 비중이 앞에 있는 운모로 향하는 복운모를 말합니다. 앞 운모를 더 강하고 길게~, 뒤 운모를 짧고 약하게 발음하여 한 단어처럼 느껴지게 읽어 주세요.

ai	아~~이	예	lái	라~~이	오다
ao	아~~오	예	hǎo	하~~오	좋다
ei	에~~이	예	gěi	게~~이	주다
ou	어~~우	예	dōu	떠~~우	모두

2 후향운모

두 개의 운모 중 중요한 운모가 뒤에 위치해서, 강세와 길이의 비중이 뒤에 있는 운모로 향하는 복운모를 말합니다. 뒤 운모를 더 강하고 길게~, 앞 운모를 짧고 약하게 발음하여 한 단어처럼 느껴지게 읽어 주세요.

ia	이~~아	예	jiā	지아~~	집
ie	이에~~	예	yě	이에~~	~도
ua	우아~~	예	huā	후아~~	꽃
uo	우어~~	예	wǒ	우어~~	나, 저
üe	위에~~	예	xué	쉬에~~	배우다

3 중향운모

세 개의 운모 중 중요한 운모가 중간에 위치해서, 강세와 길이의 비중이 중간에 있는 운모로 향하는 복운모를 말합니다. 중간 운모를 더 강하고 길게, 앞뒤 운모를 짧고 약하게 발음하여 한 단어처럼 느껴지게 읽어 주세요.

iao	이아~~오	xiǎo	시아~~오	작다
iou	이어~~우	yǒu	이어~~우	~가 있다
uai	우아~~이	kuài	쿠아~~이	빠르다
uei	우에~~이	wèi	우에~~이	여보세요

4 비운모(부성운모) CD 1-05

코 윗부분에 힘을 주고 발음하는 운모를 '비운모'라고 합니다.

an	아안(≒안)	fàn	파안(≒판)	밥
ian	이엔~~	jiàn	지엔	만나다
uan	우안~~	chuán	츄안	전하다
üan	위엔~~	yuán	위엔	인민폐 단위
en	으언(≒언)	hěn	흐언(≒헌)	아주
in	이인(≒인)	nín	니인(≒닌)	당신
uen	우언(≒원)~~	hūn	후언(≒훤)	혼인

ün	위인(≒윈)	🔊 yūn	위인(≒윈)	어지럽다
ang	아앙(≒앙)	🔊 pàng	파앙(≒팡)	뚱뚱하다
iang	이앙~~	🔊 xiǎng	시앙	생각하다
uang	우앙~~	🔊 guàng	꾸앙	구경하다
eng	으엉(≒엉)	🔊 děng	드엉(≒덩)	기다리다
ing	이잉(≒잉)	🔊 tīng	티잉(≒팅)	듣다
ueng	우엉(≒웡)~~	🔊 wēng	우엉(≒웡)	늙은이
ong	오옹(≒옹)	🔊 dǒng	도옹(≒동)	이해하다
iong	이옹(≒용)~~	🔊 qióng	치옹	가난하다

불규칙 1 운모 i와 u의 발음 변화

① 운모 'i(이)'가 성모 'zh ch sh r z c s'를 만나면? '으'로 발음

zhi(즈) chi(츠) shi(스) ri(르) zi(쯔) ci(츠) si(쓰)

② 운모 'u(우)'가 성모 'j q x'를 만나면? '위'로 발음

ju(쥐) qu(취) xu(쉬)

불규칙 2 운모 e의 발음 변화

운모 'e 으(어)' 앞뒤로 'i' 나 'ü'가 오면? '에'로 발음

ie(이에) xie(씨에) üe(위에) que(취에)

불규칙 3 운모 i u ü의 병음 표기 변화

부끄럼이 많아 혼자 있기도, 또 앞에 나서기도 싫어하는 운모는? 'i u ü'

i = y = yi (이)   u = w = wu (우)   ü = yu (위)

ia → ya(이아)   ua → wa(우아)   üe → yue(위에)

불규칙 4 중간 운모의 생략

운모 'iou' 앞에 성모가 오면? 'o' 생략 jiǒu → jiǔ(지어우)

운모 'uei' 앞에 성모가 오면? 'e' 생략 huéi → huí(후에이)

운모 'uen' 앞에 성모가 오면? 'e' 생략 huēn → hūn(후언)

불규칙 5 운모 a의 발음 변화

운모 'a(아)'가 운모 'i'와 받침 'n' 사이, 운모 'ü'와 받침 'n' 사이에 오면? '에'로 발음

ian(이엔) jian(지엔) üan(위엔) juan(쥐엔)

발음 종합 연습

지금까지 배운 성모와 운모들로 간단한 문장을 만들어 말해 봅시다. 그 전에 중국어의 기본 문장 구조를 알아야겠지요? 중국어 문장은 '주어 + 서술어 + 목적어'로 이루어진답니다.

> **누가 + 한다 + 무엇을**
>
> 🔊 난 널 사랑해 　나는　　　사랑해　　　너를
> 　　　　　　　　Wǒ(워)　　ài(아이)　　nǐ(니)

1 아버지! 배가 고프세요?

빠바! 　닌　 으(어)　 마?

Bàba! nín è ma?

2 당신 어머니께서는 가세요?

니 　마마　 취　 마?

Nǐ māma qù ma?

3 그의 어머니는 식사를 합니다.

타 　마마　 츠　 판.

Tā māma chī fàn.

4 남동생은 콜라를 마십니다.

띠디 　흐(어)　크(어)르(어).

Dìdi hē kělè.

5 그는 마시지 않습니다.

타 　뿌 　흐(어).

Tā bù hē.

Part 01

미스터 장, 오랜만이야!

베이징 지사로 파견근무를 나가게 된 이다린는 그곳에서 예전에 알던 중국인 직원 小张(시아오 장)을 다시 만나게 됩니다. 오랜만에 반갑게 만난 두 사람은 무슨 이야기를 할까요?

★ 표현 포인트
　1. 만나고 헤어질 때 하는 기본 인사
　2. 다양한 인사 표현 (오랜만에 만났을 때 / 환영 / 감사 등)

★ 문법 포인트
　1. '역시 그러함'을 의미하는 也
　2. '부정'을 의미하는 不 / 没
　3. '완료'를 의미하는 어기조사 了

★ 발음 포인트
　1. 3성 성조 변화
　2. 不 bù 성조 변화

입술 스트레칭 - 성모 b p m f

CD 1-06

b
빠, ㅂ

b + ù(우) = bù(뿌) : ～하지 않다(不)

⬇ 문장을 만들어 볼까요?

안 먹는다. - Bù chī. (不吃。)
배가 안 고프다. - Bú è. (不饿。)

부드러운 2성, 3성, 경성에선 거친 소리인 '된소리(ㅃ)'가 발음될 수 없겠죠? 자연스럽게 'ㅂ'으로 발음합니다～ '부～～우 의(어)!

p
ㅍ

p + à(아) = pà(파) : ～을 무서워하다(怕)

⬇ 문장을 만들어 볼까요?

배고픈 걸 무서워한다. - Pà è. (怕饿。)
(= 배고픈 걸 못 견딘다)

m
ㅁ

m + éi(에～～이) = méi (메|～～이) : ～하지 않았다(没)

⬇ 문장을 만들어 볼까요?

못 먹었다 / 안 먹었다. - Méi chī. (没吃。)

f
ㅍ

f + àn(안) = fàn(파안～～) : 밥(饭)

⬇ 문장을 만들어 볼까요?

밥을 못 먹었다. - Méi chī fàn. (没吃饭。)
밥을 안 먹는다. - Bù chī fàn. (不吃饭。)

혀 스트레칭

1 성모 + 단운모 성조에 유의해서 읽어 봐요.

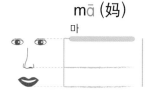

mā (妈)
마

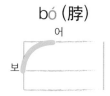

bó (脖)
어
보

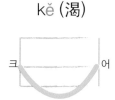

kě (渴)
크 어

dì (弟)
띠

2 성모 + 복운모

★ 앞부분을 강하고 길게 읽는 **운모**

hǎo(好) 하~~오	gāo(高) 까~~오	máo(毛) 마~~오
lái(来) 라~~이	nǎi(奶) 나~~이	zài(在) 짜~~이

★ 뒷부분을 강하고 길게 읽는 **운모**

xiè(谢) 씨에~~	tiě(铁) 티에~~	bié(别) 비에~~
yě(也) 이에~~	xiě(写) 시에~~	jiè(借) 지에~~

> 불규칙② – 운모 e 앞뒤로 운모 i나 ü가 오면 '에'로 발음해요.

★ 중간 부분을 강하고 길게 읽는 **운모**

xiǎo(小) 시아오	jiāo(交) 지아오	tiáo(条) 티아오
jiǔ(久) 지어우	jiǔ(九) 지어우	liù(六) 리어우

> 불규칙④ – 운모 iou 앞에 성모가 오면 o를 생략해요. jiǒu → jiǔ

★ 콧소리를 내며 읽는 **비운모**

jiàn(见) 지엔	xiān(先) 시엔	qián(钱) 치엔
zhāng(张) 쟈앙(≒ 장)	chǎng(场) 챠앙(≒ 챵)	shàng(上) 샤앙(≒ 샹)

> 불규칙⑤ – 운모 a가 운모 i와 받침 n 사이에 오면 '에'로 발음해요.

CD 1-08

1

A : Nǐ hǎo, Xiǎo Zhāng!

你好， 小张！

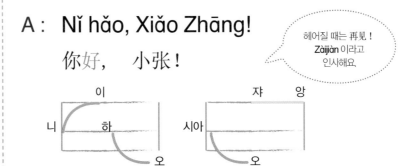

> 헤어질 때는 再见！
> **Zàijiàn** 이라고
> 인사해요.

해석

A : 안녕, 미스터 장!
B : 미스터 리, 왔구나!

새단어

你 nǐ 너, 당신
好 hǎo 좋다, 건강하다
小 xiǎo 미스터, 미스
张 Zhāng 장(성씨)
李 Lǐ 이(성씨)
来 lái 오다
了 le ~했다(완료를 나타냄)

B : Xiǎo Lǐ, nǐ lái le!

小李， 你来了！

> 来(오다) + 了(완료)
> = 왔다

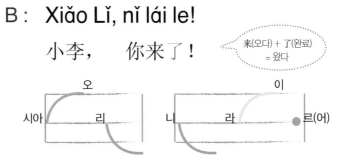

▶ 상대를 부르는 호칭이나 시간사 바로 뒤에 好를 붙여 인사할 수 있습니다.

各位好！ **Gèwèi hǎo!** 여러분 안녕하세요!

大家好！ **Dàjiā hǎo!** 여러분 안녕하세요!

早上好！ **Zǎoshang hǎo!** 아침 인사 (= 早! **Zǎo!**)

晚上好！ **Wǎnshang hǎo!** 저녁 인사

▶ 전달하고자 하는 상황이나 행위가 '종료·완료되었음'은 문장 끝에 了를 써서 나타냅니다.

小李吃了。 **Xiǎo Lǐ chī le.** 미스(터) 리는 먹었다.

小李吃饭了。 **Xiǎo Lǐ chī fàn le.** 미스(터) 리는 밥을 먹었다.

小李来中国了。 **Xiǎo Lǐ lái Zhōngguó le.** 미스(터) 리는 중국에 왔다.

各位 gèwèi 여러분 | 大家 dàjiā 여러분, 모두 | 早上 zǎoshang 아침 | 晚上 wǎnshang 저녁 |
吃 chī 먹다 | 饭 fàn 밥 | 中国 Zhōngguó 중국

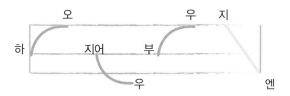

CD 1-09

2

A : Hǎo jiǔ bú jiàn!

好久不见!

불가 4성 앞에 오면
2성으로 발음해요

오   우   지

하   지어   부

우   엔

해석

A : 오랜만이야!

B : 어서 와! 어서 와!

새단어

好 hǎo 아주

久 jiǔ 오래

不 bù ~하지 않다

见 jiàn 만나다, 보다

欢迎 huānyíng 환영하다

B : Huānyíng! Huānyíng!

欢迎!   欢迎!

후   안   잉   후   안   잉

이   이

▶ 어떤 선택이나 결정이 '자신의 주관적인 의지나 의견·판단'에 의한 것임을 나타내는 부정문에서는 不가 사용됩니다.

不来。Bù lái. 안 와요.

不去。Bú qù. 안 가요.

不好。Bù hǎo. 안 좋아요.

▶ 어떤 행동이나 소식·정보 등을 반기며 환영할 땐 그 내용 앞에 欢迎을 써서, '~을 기꺼이 환영함'을 나타냅니다. 식당이나 상점에서도 자주 들을 수 있어요.

欢迎光临! Huānyíng guānglín! 어서 오세요!

欢迎再来! Huānyíng zài lái! 또 오세요!

欢迎访问! Huānyíng fǎngwèn! 방문을 환영합니다!

去 qù 가다 | 光临 guānglín 남이 찾아오는 일을 높여 표현한 말 | 再 zài 다시, 또 |
访问 fǎngwèn 방문(하다)

CD 1-10

3

A : Xièxie!

같은 글자가 반복되면
뒤의 글자는 경성으로
발음해요~

谢谢!

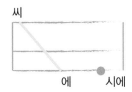

해석

A : 고마워!

B : 뭘.

새단어

谢谢 xièxie 감사하다

B : Bú xiè.

不谢。

▶ '고맙다'는 표현을 할 땐 보통 谢를 중복해서 사용하는데, 뒤에 고마움의 대상을 나타내기도 합니다.

我谢谢爸爸。 Wǒ xièxie bàba. 저는 아버지께 감사드려요.

谢谢再来! Xièxie zài lái! 다시 와 주셔서 감사해요.

谢谢你的访问! Xièxie nǐ de fǎngwèn! 당신의 방문에 감사드려요.

谢谢你的合作。 Xièxie nǐ de hézuò. 협조에 감사드려요.

▶ 감사 인사에 대한 대답으로 자주 쓰이는 말들을 알아 둡시다.

不谢! Bú xiè! 천만에요!(감사하실 만한 거 아니에요)

不客气! Bú kèqi! 천만에요!(예의 차리실 만한 거 아니에요)

我 wǒ 나 | 爸爸 bàba 아빠 | 的 de ~의 | 合作 hézuò 협력(하다) |
客气 kèqi 공손하다, 예의를 차리다

4

A :　Nǐ méi biàn.

你没变。

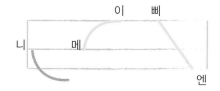

해석

A : 너 안 변했다.
B : 너도 안 변했어.

새단어

没 méi ~ 않다
变 biàn 변하다
也 yě ~도, 역시

B :　Nǐ yě méi biàn.

你也没变。

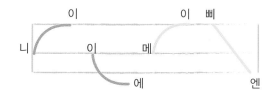

▶ 어떤 상황이 이미 확인된 '객관적인 사실'임을 나타내는 부정문에는 没를 사용합니다.

他没来。Tā méi lái. 그는 안 왔어.

我没去。Wǒ méi qù. 난 안 갔어.

▶ '~도, ~ 역시 그러하다'라는 뜻을 나타낼 때는 也를 사용합니다.

她也来了！Tā yě lái le! 그녀도 왔어!

我也是。Wǒ yě shì. 나도 그래.

爸爸也去了！Bàba yě qù le! 아빠도 가셨어요!

他 tā 그 | 她 tā 그녀 | 是 shì ~이다, 그렇다

★ 병음을 보고 정확하게 읽어 봐요~

사무실에 들어선 이 대리는 미스터 장과 반갑게 인사한다.

Xiǎo Lǐ　　**Nǐ hǎo, Xiǎo Zhāng!**
니　하오　시아오　쟝

Xiǎo Zhāng　**Xiǎo Lǐ, nǐ lái le!**
시아오　리　니 라이 러

Xiǎo Lǐ　　**Hǎo jiǔ bú jiàn!**
하오 지어우 부　지엔

(이 대리에게 꽃을 건네주며)

Xiǎo Zhāng　**Huānyíng! huānyíng!**
환잉　　　　환잉

Xiǎo Lǐ　　**Xièxie!**
씨에시에

Xiǎo Zhāng　**Bú xiè.**
부　씨에

Xiǎo Lǐ　　**Nǐ méi biàn.**
니　메이　삐엔

Xiǎo Zhāng　**Nǐ yě méi biàn.**
니　예　메이　삐엔

Tip
'직딩 회화' 병음 부분을 읽을 때는 셀로판지를 대고 읽으세요.
한글 발음은 필요한 때만 살짝 보는 센스!

34

小李　你好，小张！

小张　小李，你来了！

小李　好久不见！

小张　欢迎！欢迎！

小李　谢谢！

小张　不谢。

小李　你没变。

小张　你也没变。

 중국인들은 小(xiǎo)나 老(lǎo)로 시작하는 이름이 많던데, 왜 그런가요?

 그건 말이죠~!

이름이 아니라 둘 다 상대의 '성' 앞에 붙여 친근한 느낌을 더하는 표현인데, 쓰임은 조금 달라요.
小는 '미스 ~ (~ 양), 미스터 ~ (~ 군)'의 의미예요. 나이든 사람이 젊은 사람에게, 혹은 젊은 사람이 자신과 연배가 비슷한 사람이나 자신보다 어린 사람에게 사용합니다. 따라서 小金은 '미스 김'이나 '미스터 김' 정도가 되겠죠? 老는 '~ 씨'라는 의미예요. 연배가 조금 있는 사람이 자신과 연배가 비슷한 사람이나 자신보다 어린 사람에게 사용합니다. 자신보다 연배가 높은 사람에게 사용하면, 쪼~금 예의에 어긋난다고 볼 수 있습니다. 물론, 친한 사이는 괜찮겠지만 말이죠.^^ 따라서 老金은 '김 씨'나 '김 형' 정도로 생각하시면 됩니다. 그밖에 상대를 높여 표현할 때, 남자는 '先生 xiānsheng(선생님)'을 여자는 '女士 nǚshì(여사, 부인)를 붙여 부르기도 한답니다.

1 3성 성조 변화

1) 3성 + 3성 → 2성 + 3성

3성을 이어서 10번 발음한다면? 숨넘어가겠죠. 3성 뒤에 같은 3성이 올 때, 앞의 3성은 부드럽게 2성으로 발음해 주세요.

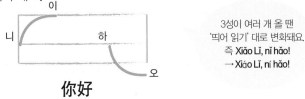

你好

> 3성이 여러 개 올 땐
> '띄어 읽기' 대로 변화돼요.
> 즉 Xiǎo Lǐ, nǐ hǎo!
> → Xiáo Lǐ, ní hǎo!

2) 3성 + 1, 2, 4, 경성 → 반 3성 + 1, 2, 4, 경성

3성 뒤에 다른 성조가 왔을 땐, 앞의 3성을 반만 발음(천천히 목젖까지 내려가는 부분만)하고, 그 다음 성조를 발음해 주세요.

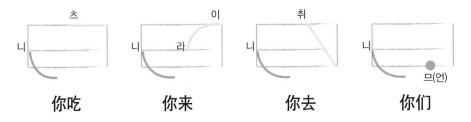

你吃   你来   你去   你们

2 不 성조 변화 → bú + 4성

不 bù(~하지 않는다)가 자신과 같은 강한 성조 '4성' 앞에 오면, '부정'의 의미가 너무 과장되게 전달되겠지요? 이때 성조 변화가 어감을 좀 더 부드럽게 만들어 주는 역할을 합니다.

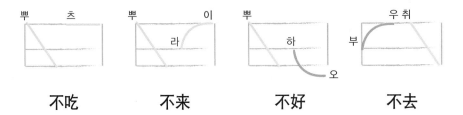

不吃   不来   不好   不去

일반적으로 3성 변화는 병음에 표기하지 않지만, 不 bù 성조 변화는 표기합니다.

예 不去! Bú qù!

1 부사

1) 也

동사나 형용사, 혹은 다른 부사 앞에 쓰여서 '역시 그러함, 같음'을 나타냅니다.

예 来 오다   →   也来 ~도 온다   也不来 ~도 오지 않는다

　　来了 왔다   →   也来了 ~도 왔다   也没来 ~도 오지 않았다

2) 不 / 没

둘 다 술어를 부정하는 부정부사지만 쓰임이 조금 다릅니다.

不	没
~하지 않다, ~하지 않았다	~하지 않았다, ~한 사실이 없다
주관적 의견 · 의지가 드러남	객관적 사실을 서술함
예 **不来** 오지 않다 　　**不去** 가지 않다	예 **没来** 오지 않았다 (= 온 사실이 없다) 　　**没去** 가지 않았다
단독으로 사용 가능 不 　아니요	단독으로 사용 불가능 没 　(X)

형용사는 보통
不로 부정합니다.
예 不好. 좋지 않다.
(주관적 판단)

예　내 사랑은 변하지 않는다. (주관적인 의지)　　→ 나의 사랑 **不变**。

　　내 사랑은 변하지 않았다. (객관적인 사실)　　→ 나의 사랑 **没变**。

　　그 옷은 작지 않다.(작지 않았다) (주관적 의견)　→ 그 옷 **不小**。

2 어기조사 了

문장 맨 끝에 쓰여서, 전달하는 말(语)의 전체적인 기분(气), 즉 '어기(语气)'를 결정해 주는 '조사'가 어기조사입니다. 그중에서 가장 많이 쓰이는 어기조사 了는 크게 세 가지 의미로 사용되는데, 본문에 사용된 어기조사 了는 문장 끝에 쓰여 전체 동작이 '완료'되었음을 의미합니다. 즉, 그 모든 게 '끝이 났다'는 뜻이죠.

예　나는 밥을 먹는다
　　我(나)吃(먹다)饭(밥)　　+　　했다
　　　　　　　　　　　　　　　了(완료)。　　=　　나는 밥을 먹었다.
　　　　　　　　　　　　　　　　　　　　　　　我吃饭了。

　　나는 중국에 온다
　　我(나)来(오다)中国(중국)　+　　했다
　　　　　　　　　　　　　　　了(완료)。　　=　　나는 중국에 왔다.
　　　　　　　　　　　　　　　　　　　　　　　我来中国了。

小 xiǎo 작다

1 그림과 어울리는 문장을 골라 연결해 보세요.

●

● 欢迎!

●

● 大家好!

●

● 谢谢你!

2 녹음을 듣고 적절한 대답에 체크하세요. CD 1-13

● 不谢!

● 好久不见!

3 다음 빈칸에 들어갈 알맞은 단어를 보기에서 고르세요.

[보기]   **a** 你   **b** 大家   **c** 早上   **d** 晚上

① (상대가 한 사람인 경우) '안녕, 안녕하세요!'   _____好！

② 아침에 만나서 '굿모닝!'   _____好！

③ 여러분 안녕하세요!'   _____好！

④ 이브닝 파티에서 '굿이브닝!'   _____好！

4 제시 문장을 참고로 빈칸에 들어갈 글자를 써 넣으세요.

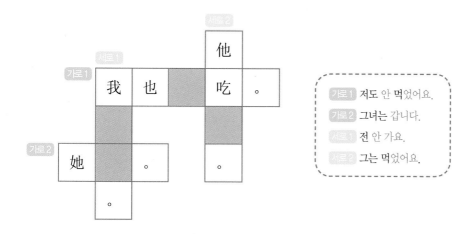

가로1 저도 안 먹었어요.
가로2 그녀는 갑니다.
세로1 전 안 가요.
세로2 그는 먹었어요.

Part 02

난 잘 지내지,
너는?

베이징에 오고 나니 한국 직장 상사와 동료들이 그
리워진 이 다린. 마음 먹고 중국으로 함께 파견된
상하이 지사의 김 과장에게 안부전화를 합니다. 이
다린와 김 과장의 통화 내용을 들어 봐요.

★ 표현 포인트
  1. 여러 가지 안부 인사
  2. 전화 표현
  3. 정도 표현

★ 문법 포인트
  1. 吗 의문문
  2. 어기조사 呢
  3. 여러 가지 부사 의미 비교

★ 발음 포인트
  1. 문장 속 3성 성조 변화 연습
  2. 주의해야 할 발음 (불규칙 5종 세트 참고)

입술 스트레칭 - 성모 d t n l g k h

d
ㄸ, ㄷ

d + ōu(어〜〜우) = dōu(떠〜〜우) : 모두(都)

⊙ 문장을 만들어 볼까요?

모두 온다. – Dōu lái.(都来。)

t
ㅌ

t + ài(아〜〜이) = tài(타〜〜이) : 너무(太)

⊙ 문장을 만들어 볼까요?

너무 안 좋다. – Tài bù hǎo.(太不好。)

n
ㄴ

n + ǎ(아〜〜아) = nǎ(나〜〜아) : 어느(哪)

⊙ 문장을 만들어 볼까요?

혀를 구부려 발음!

어디 가니? – Qù nǎr?(去哪儿?)

l
ㄹ

l + èi(에〜〜이) = lèi(레〜〜이) : 피곤하다, 힘들다(累)

⊙ 문장을 만들어 볼까요?

너무 힘들다. – Tài lèi.(太累。)

g
ㄲ, ㄱ

g + uó(우어〜〜) = guó(구어〜〜) : 나라(国)

⊙ 문장을 만들어 볼까요?

너는 어느 나라 사람이니? – Nǐ shì nǎ guó rén?(你是哪国人?)

k
ㅋ

k + āi(아〜〜이) = kāi(카〜〜이) : 열다(开)

⊙ 문장을 만들어 볼까요?

나는 즐겁다. – Wǒ hěn kāixīn.(我很开心。)

h
ㅎ

h + ái(아〜〜이) = hái(하〜〜이) : 그럭저럭(还)

⊙ 문장을 만들어 볼까요?

그럭저럭 좋다.(잘 지내다) – Hái hǎo.(还好。)

혀 스트레칭

CD 1-15

1 성모 + 단운모 *성조에 유의해서 읽어 봐요.*

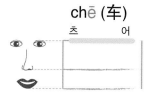

chē (车)
츠　어

pá (爬)
아
파

nǔ (女)
뉘　　이

lù (路)
루

2 성모 + 복운모

★ 앞부분을 강하고 길게 읽는 **운모**

dōu(都)　떠〜〜우	shǒu(手)　셔〜〜우	ròu(肉)　러〜〜우
lèi(累)　레〜〜이	fēi(非)　페〜〜이	péi(陪)　페〜〜이

> 불규칙② - 운모 e 앞 뒤로 운모 i나 ü가 오 면 '에'로 발음해요.

★ 뒷부분을 강하고 길게 읽는 **운모**

wǒ(我)　우어〜〜	guó(国)　구어〜〜	huǒ(火)　후어〜〜
	zuò(作)　쭈어〜〜	shuō(说)　슈어〜〜

★ 중간 부분을 강하고 길게 읽는 **운모**

> 불규칙③ - u = w = wu(우)

wèi(喂)　우에〜〜이	shuǐ(水)　슈에〜〜이	duì(对)　뚜에〜〜이
jiù(就)　지어〜〜우	xiū(休)　시어〜〜우	qiú(球)　치어〜〜우

> 불규칙④ - 운모 uei 앞에 성모가 오면 e를 생략해요.

★ 콧소리를 내며 읽는 **비운모**

hěn(很)　흐(언)〜〜	gēn(跟)　끄(언)〜〜	rén(人)　르(언)〜〜
yàng(样)　이앙〜〜	liǎng(两)　리앙〜〜	xiàng(像)　시앙〜〜

> 불규칙③ - i = y = yi(이)

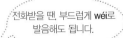
전화받을 땐, 부드럽게 wéi로
발음해도 됩니다.

CD 1-16

1

A : Wèi! Jīn kēzhǎng zài ma?

喂！ 金科长在吗？

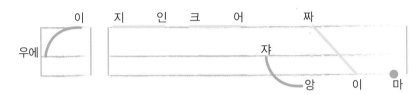

해석

A : 여보세요! 김 과장님
　　계신가요?
B : 전데요.

B : Wǒ jiù shì.

我就是。

새단어

喂 wèi(wéi) 여보세요, 이봐요,
　　여기요
金 Jīn 김(성씨)
科长 kēzhǎng 과장
在 zài ～에 있다
吗 ma ～입니까?
就 jiù 바로, 곧

▶ 吗를 문장 끝에 붙이면 의문문이 됩니다.

你去中国吗? Nǐ qù Zhōngguó ma? 중국에 가세요?

你吃饭了吗? Nǐ chī fàn le ma? 식사하셨어요?

你也没来吗? Nǐ yě méi lái ma? 당신도 안 오셨어요?

▶ 전화 표현에 대해 더 알아 봅시다.

• 상대방이 찾는 사람이 본인일 경우

我就是！ Wǒ jiù shì! 전데요!

您是哪儿? Nín shì nǎr? 어디세요?(상대방 확인)

• 상대방이 찾는 사람이 없을 경우

不在！ Bú zài! 안 계세요.

他出去了！ Tā chūqu le! 나가셨어요!

您 nín 당신(你의 존칭) | 哪儿 nǎr 어디, 어느 곳 | 出去 chūqu 나가다

2

A: Kēzhǎng, wǒ, Lǐ dàilǐ!

科长, 我, 李代理!

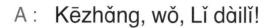

A : 과장님, 저예요, 이 대리!

B : 오! 미스터 리, 잘 지냈어?

代理 dàilǐ 대리

啊 à 오! 애!

B: À! Xiǎo Lǐ, nǐ hǎo ma?

啊! 小李, 你好吗?

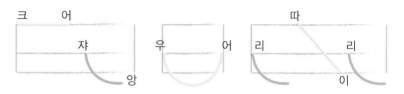

안녕하다(你好) + ~까?(吗)
= 안녕하셨어요?

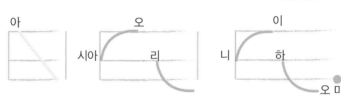
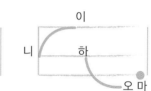

▶ 你好!는 '안녕, 안녕하세요!'라는 기본 인사인데 문장 끝에 吗를 붙이면 상대의 안부를 묻는 의문문이 됩니다. 好吗? 를 써서 건강이나 일·사업 등이 순조롭게 진행되고 있는지 물어볼 수 있습니다.

最近好吗? Zuìjìn hǎo ma? 요즘 잘 지내요?

你们都好吗? Nǐmen dōu hǎo ma? 당신들 모두 잘 지내나요?

身体好吗? Shēntǐ hǎo ma? 몸 건강해요?

生意好吗? Shēngyi hǎo ma? 비즈니스는 잘 되나요?

最近 zuìjìn 최근, 요즘 | 你们 nǐmen 당신들 | 都 dōu 모두, 다 | 身体 shēntǐ 몸, 건강 |
生意 shēngyi 비즈니스, 장사

CD 1-18

3

A : **Wǒ hěn hǎo, nǐ ne?**

我很好, 你呢?

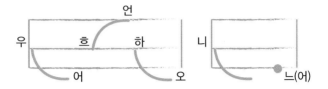

해석

A : 전 잘 지내요, 과장님은요?
B : 나도 잘 지내.

B : **Wǒ yě hěn hǎo.**

我也很好。

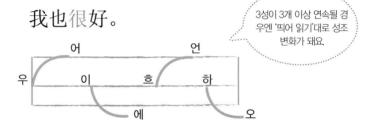

3성이 3개 이상 연속될 경우엔 '띄어 읽기'대로 성조 변화가 돼요.

새단어

很 hěn 아주, 매우
呢 ne ~은, ~는?

▶ 중국어에서 형용사(특히, 1음절 형용사)가 아무런 수식 없이 술어로 사용되었을 경우, 완전한 문장이라고 할 수 없어요. 그래서 습관적으로 형용사 앞에 很을 붙여 표현합니다.

我很累。 Wǒ hěn lèi. 피곤해요.

我爸爸很忙。 Wǒ bàba hěn máng. 저희 아버지께서는 바쁘세요.

张总也很好。 Zhāng zǒng yě hěn hǎo. 장 사장님 역시 잘 지내세요.

▶ 문장 끝에 呢를 쓰면 앞에 나온 질문을 반복할 필요 없이 간단하게 물어볼 수 있어요. 우리말의 '너는(당신은)?'처럼 쓰입니다.

我太累, 你呢? Wǒ tài lèi, nǐ ne? 전 너무 피곤해요, 당신은요?

他最近很忙, 你爸爸呢? 그는 요즘 바빠요, 당신 아버지는요?
Tā zuìjìn hěn máng, nǐ bàba ne?

我还好, 张总呢? 전 그런대로 잘 지내요, 장 사장님은요?
Wǒ hái hǎo, Zhāng zǒng ne?

太 tài 너무 | 累 lèi 힘들다, 피곤하다 | 忙 máng 바쁘다 | 还 hái 꽤, 비교적, 그럭저럭 |
总 zǒng 주요한, 우두머리의, 总经理 zǒngjīnglǐ (사장)의 약칭

CD 1-19

4

A : Gōngzuò zěnmeyàng? Shùnlì ma?

工作怎么样？　　　　　　顺利吗？

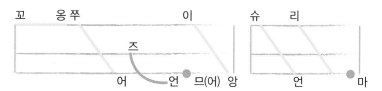

A : 일은 어때요?
　　잘 되세요?
B : 아주 순조롭고 즐거워.

새단어

工作 gōngzuò 직업, 일(하다)
怎么样 zěnmeyàng 어때?
顺利 shùnlì 순조롭다
非常 fēicháng 굉장히, 아주
开心 kāixīn 기쁘다, 즐겁다

B : Fēicháng shùnlì, yě hěn kāixīn.

非常顺利，　　　　也很开心。

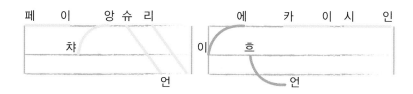

▶ 어떤 상황에 대한 설명이나 상대의 의견을 구할 때는 怎么样?을 사용해서 물어봅니다.

最近怎么样? Zuìjìn zěnmeyàng? 요즘 어때요?

心情怎么样? Xīnqíng zěnmeyàng? 기분이 어때요?

情况怎么样? Qíngkuàng zěnmeyàng? 상황이 어때요?

工作不太顺利，你怎么样? 일이 별로 순조롭지 못해요, 당신은 어때요?
Gōngzuò bútài shùnlì, nǐ zěnmeyàng?

▶ 정도를 나타내는 표현
　형용사나 심리동사 앞에 쓰여 그 '정도'를 나타내는 표현에는 여러 가지가 있습니다. 好를
　예로 들어 알아 봅시다.

안 좋다		그다지 좋지 않다		그럭저럭 좋다		좋다		아주 좋다
不好	>	不太好	>	还好	>	很好	>	非常好
bù hǎo		bútài hǎo		hái hǎo		hěn hǎo		fēicháng hǎo

心情 xīnqíng 기분, 심정, 마음 | 情况 qíngkuàng 상황, 사정, 형편 | 不太 bútài 별로 ~하지 않다

CD 1-20

★ 병음을 보고 정확하게 읽어 봐요~

이 대리가 김 과장에게 전화를 건다.

Xiǎo Lǐ
Wèi! Jīn kēzhǎng zài ma?
웨이 진 커쟝 짜이 마

Jīn kēzhǎng
Wǒ jiù shì!
워 지어우 스

Xiǎo Lǐ
Kēzhǎng, wǒ, Lǐ dàilǐ!
커쟝 워 리 따이리

Jīn kēzhǎng
À! Xiǎo Lǐ, nǐ hǎo ma?
아 시아오 리 니 하오 마

Xiǎo Lǐ
Wǒ hěn hǎo, nǐ ne?
워 헌 하오 니 너

Jīn kēzhǎng
Wǒ yě hěn hǎo.
워 예 헌 하오

Xiǎo Lǐ
Gōngzuò zěnmeyàng? Shùnlì ma?
꽁쭈어 전머양 슈언리 마

Jīn kēzhǎng
Fēicháng shùnlì, yě hěn kāixīn.
페이챵 슈언리 예 헌 카이신

★ 한자만 보고 정확하게 읽어 봐요~

小李	喂！ 金科长在吗？
金科长	我就是！
小李	科长，我，李代理！
金科长	啊！小李，你好吗？
小李	我很好，你呢？
金科长	我也很好。
小李	工作怎么样？顺利吗？
金科长	非常顺利，也很开心。

 직급을 나타내는 호칭을 중국어로 알고 싶어요.

 그건 말이죠~!

자주 쓰이는 직급 명칭을 중국어로 알아 봅시다.

이사장 / 회장(Chairman)	董事长 dǒngshìzhǎng
최고 경영자 / 사장(CEO / president)	总裁 zǒngcái(= 总经理)
이사 / 부사장(vice president)	副总 (裁) fùzǒng(cái)
부장(General(senior) manager)	主任 zhǔrèn
과장(manager)	经理 jīnglǐ
대리(Assistant manager)	副经理 fùjīnglǐ(= 代理)

참고로 주주총회는 股东会 gǔdōnghuì, 이사회는 董事会 dǒngshìhuì(= 理事会)라고 한답니다.

1 3성 성조 변화 + 不 성조 변화 + 경성 예문 성조 그래프

예 **Wǒmen hěn máng, Lǐ xiānsheng, nǐmen bù máng ma?**

우린 바빠요. 이 선생님, 당신들은 안 바쁜가요?

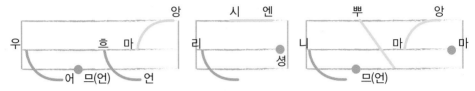

예 **Wǒmen hěn lèi, lǎo Lǐ, nǐmen dōu bú lèi ma?**

우린 힘들다네. 이 형, 자네들은 모두 안 힘든가?

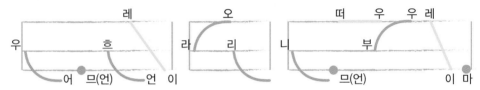

2 중간 운모 생략하는 복운모 [불규칙 4]

예 jiù(就)   지어~~우   지우(x) | jiǒu → jiǔ(酒)   지어~~우

  zuì(最)   쭈에~~이   쭈이(x) | duèi → duì(对)   뚜에~~이

  shùn(顺) 슈(언)   슌(x) | kuèn → kùn(困)   쿠(언) ≒ 퀸

3 혼자 올 수 없는 i(이)와 u(우) [불규칙 3]

앞에 다른 성모가 오지 않을 경우에 'i'는 'y'로, 'u'는 'w'로 바꿔서 표기합니다.

예 iě → yě(也)   uǒ → wǒ(我)   uèi → wèi(喂)

단, in과 ing은 y를 첨가해서 yin과 ying으로 나타냅니다.

1 吗 의문문

어기조사 吗를 문장 맨 끝에 붙이면 전체 문장이 '의문'의 어감을 갖는 의문문이 됩니다.

> 예 너는 밥을 먹는다   +   니?   =   너는 밥을 먹니?
> 你(너)吃(먹다)饭(밥)   吗(의문)   你吃饭吗?
>
> 너는 중국에 온다   +   니?   =   너 중국에 오니?
> 你(너)来(오다)中国(중국)   吗(의문)   你来中国吗?

2 어기조사 呢

① 전후 문맥과 관계없이 명사 바로 뒤에 呢를 붙이면, 그 명사의 '행방이나 소재'를 묻는 의미를 나타냅니다.

> 예 (퇴근 후 집에 돌아온 아빠) 엄마는?   妈妈呢?

② 앞부분에서 이미 제시되었거나 거론된 내용을 반복하지 않고, 생략해서 물을 수 있는 기능을 합니다. (= 생략 의문문)

> 예 전 한국에 있어요, 당신은요?   我在韩国，你呢?

> ①, ②는 한국어의 '~는?
> ~은?'과 같은 기능을 한
> 다고 볼 수 있어요.

③ '~거든'이라는 의미로 사실을 확인시켜 주는 어감을 더합니다.

> 예 나 바쁘거든.   我忙呢。(현재 '바쁘다'는 사실을 확인시켜 준다)
>
> 나 밥 먹거든.   我吃饭呢。(현재 '밥 먹는다'는 사실을 확인시켜 준다)

3 여러 가지 부사 의미 비교

부사	의미	예문
也	역시	也好 역시 좋다
都	모두	都好 모두 좋다
很	아주	很好 아주 좋다
太	너무, 더	太好 너무 좋다
还	또, 그럭저럭, 아직	还好 그럭저럭 좋다

妈妈 māma 엄마 | 韩国 Hánguó 한국

1 그림과 어울리는 문장을 골라 연결해 보세요.

●   ● 工作非常忙。

●   ● 我太累，身体不太好。

●   ● 生意不太好。

2 녹음을 듣고 적절한 대답에 체크하세요. ◎ CD 1-21

● 我很好，你呢？ ☐

● 他不在，出去了！ ☐

3 다음 빈칸에 들어갈 알맞은 단어를 보기에서 고르세요.

[보기]   a 呢   b 怎么样   c 也   d 吗

① 업무는 어때요?   工作_____?

② 너무 바빠요, 당신은요?   太忙, 你_____?

③ 사업은 잘 되세요?   生意好_____?

④ 우리도 잘 지내요.   我们_____很好。

4 제시 문장을 참고로 빈칸에 들어갈 글자를 써 넣으세요.

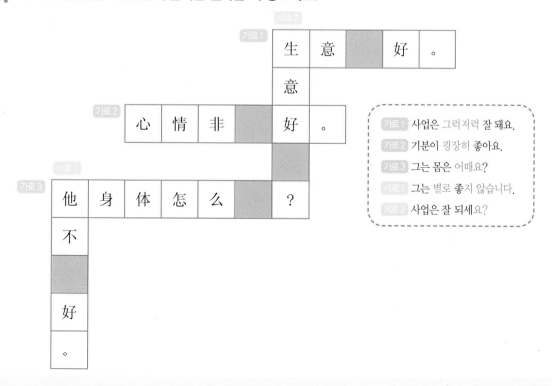

가로1 사업은 그럭저럭 잘 돼요.
가로2 기분이 굉장히 좋아요.
가로3 그는 몸은 어때요?
세로1 그는 별로 좋지 않습니다.
세로2 사업은 잘 되세요?

Part 03

당신을 어떻게 불러야 하나요?

베이징 회사 생활에 적응된 이 대리, 이제 다른 동료들과도 사귀면서 인맥을 넓힐 시기인데, 처음 알게 된 사이에 주고받을 수 있는 대화를 공부해 봐요.

★ 표현 포인트
  1. 간단한 자기 소개 (이름 / 부서)
  2. 처음 알게 된 사람과 인사하기

★ 문법 포인트
  1. 관형어를 만드는 구조조사 的
  2. 부사어 어순

★ 발음 포인트
  ─ yī의 성조 변화

j (ㅈ)

j + iào(이아~~오) = jiào(지아~~오) : (이름을) ~라고 하다(叫)

➡ 문장을 만들어 볼까요?

당신은 이름이 뭐예요? – Nǐ jiào shénme míngzi?(你叫什么名字?)

q (ㅊ)

q + ǐng(잉~~) = qǐng(치잉~~) : ~하세요(정중한 표현) (请)

➡ 문장을 만들어 볼까요?

말씀 좀 여쭐게요. – Qǐng wèn.(请问。)

x (ㅅ)

x + ìng(잉) = xìng(시잉(≒싱)) : (성을) ~라고 하다, 성(姓)

➡ 문장을 만들어 볼까요?

당신은 성이 뭐예요? – Nǐ xìng shénme?(你姓什么?)

➡ 무조건 따라 해 봐요

성모 j q x 다음엔 무조건 운모 i나 ü가 나온다는 거 기억하시죠? 이 세 가지 성모의 발음은 아래가
전부입니다. 주의해야 할 발음들을 반복해서 읽어 보세요!

ji	jia	jian	jiang	jie	jin	jing	jiu	ju	juan	jue	jun
		지엔~		지에~			지어~우	쥐	쥐엔~	쥐에~	쥔
qi	qia	qian	qiang	qie	qin	qing	qiu	qu	quan	que	qun
		치엔~		치에~			치어~우	취	취엔~	취에~	췬
xi	xia	xian	xiang	xie	xin	xing	xiu	xu	xuan	xue	xun
		시엔~		시에~			시어~우	쉬	쉬엔~	쉬에~	쉰

혀 스트레칭

⊙ CD 1-23

1 성모 + 단운모 *성조에 유의해서 읽어 봐요.*

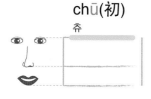
chū(初)
츄

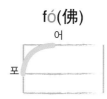
fó(佛)
어
포

nǎ(哪)
나   아

cì(次)
츠

2 성모 + 복운모

★ 앞부분을 강하고 길게 읽는 **운모**

gāo(高) 까~~오   bāo(包) 빠~~오   láo(劳) 라~~오

shéi(谁) 셰~~이   gěi(给) 게~~이   lèi(累) 레~~이

> 불규칙② – 운모 e 앞
> 뒤로 운모 i나 ü가 오
> 면 '에'로 발음해요.

★ 뒷부분을 강하고 길게 읽는 **운모**

xué(学) 쉬에~~   xuě(雪) 쉬에~~   yuè(月) 위에~~

jiā(家) 지아~~   jiā(加) 지아~~   xiá(峡) 시아~~

★ 중간 부분을 강하고 길게 읽는 **운모**

jiào(叫) 지아~~오   xiǎo(小) 시아~~오   piào(漂) 피아~~오

guì(贵) 꾸에~~이   tuī(推) 투에~~이   huí(回) 후에~~이

> 불규칙④ – 운모 uei
> 앞에 성모가 오면
> e를 생략해요.

★ 콧소리를 내며 읽는 **비운모**

xìng(姓) 시잉(≒싱)   tīng(听) 티잉(≒팅)   míng(名) 미잉(≒밍)

miǎn(免) 미엔~~   liǎn(脸) 리엔~~   xiàn(现) 시엔~~

> 불규칙⑤ – 운모 a가
> 운모 i와 받침 n
> 사이에 오면 '에'로
> 발음해요.

CD 1-24

1

A : Wèi! Nǐ rènshi tā ma?

喂！　你认识他吗？

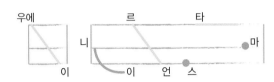
우에　　　　　르　　　타
　　　　니　　　　　　　　　　마
　　　　이　　　이　언　스

새단어

认识 rènshi (누군가를) 알다, 알게 되다

谁 shéi(shuí) 누가, 누구

B : Shéi? Wǒ bú rènshi.

谁？　我不认识。

谁는 shuí로도 발음할 수 있어요.

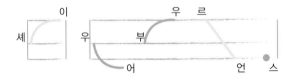
이　　　　　　우 르
세　　우　　부
　　　　　　어　　　　언　스

▶ 认识는 누군가와 알고 지내는 사이임을 뜻하는 단어입니다. 모르는 사이일 때는 不를 써서 不认识라고 나타냅니다.

　　我不太认识他。 Wǒ bútài rènshi tā. 나는 그를 잘 모른다.

　　认识你自己。 Rènshi nǐ zìjǐ. 네 자신을 알라.

　　认识了很多朋友。 Rènshi le hěn duō péngyou. 많은 친구를 알게 되었다.

　　我想认识她。 Wǒ xiǎng rènshi tā. 나는 그녀를 알고 싶다.

▶ 谁는 '누구'라는 뜻입니다. 중국어는 주격, 소유격, 목적격 등의 변화가 없어요. 주어로 쓰고 싶으면 술어 앞에, 목적어로 쓰고 싶으면, 술어 뒤에 두면 됩니다. 즉, '누가'든 '누구를'이든 무조건 그 자리에 谁를 써서 표현합니다.

　　他是谁? Tā shì shéi? 저 사람은 누구예요?

　　谁是你们的经理? Shéi shì nǐmen de jīnglǐ? 누가 당신들의 매니저입니까?

自己 zìjǐ 자신, 자기 | 多 duō 많다 | 朋友 péngyou 친구 | 想 xiǎng ~하고 싶다 |
经理 jīnglǐ 매니저, 관리인

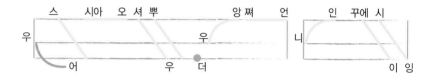

2

CD 1-25

A : Wǒ shì xiāoshòubù de Wáng zhēn, nín guì xìng?

我是销售部的王真，您贵姓?

> 이름을 묻는 경어 표현입니다.

B : Miǎn guì xìng Lǐ, wǒ jiào Lǐ Zàigēn.

免贵姓李，   我叫李在根。

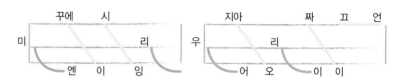

해석

A : 전 세일즈팀의 왕 쩐이에요, 성씨가 어떻게 되세요?

B : 말씀 낮추세요. 성은 이씨고, 이재근이라고 합니다.

새단어

销售 xiāoshòu 판매(하다)
部 bù 팀, 부서(= 部门 bùmén)
的 de ～의
王真 Wáng zhēn 왕 쩐(인명)
您 nín 당신(你의 존칭)
贵姓 guìxìng 성씨, 귀한 성
姓 xìng 성, (성을) ～라고 하다
免 miǎn 제거하다, 없애다
免贵 miǎn guì 말씀 낮추세요
叫 jiào (이름을) ～라고 하다
李在根 Lǐ Zàigēn 이재근
(인명)

▶ 我的(나의), 你的(너의)처럼 사람이나 물건(명사 성분) 등의 소유나 소속을 표현할 때, 중국어에서는 的를 붙여 나타냅니다.

他是我的同事。Tā shì wǒ de tóngshì. 그는 제 동료예요.

你的家在哪儿? Nǐ de jiā zài nǎr? 당신의 집은 어디에 있어요?

他是哪个部门的职员? 그는 어느 부서 직원인가요?
Tā shì nǎ ge bùmén de zhíyuán?

他是我们公司的职员。그는 우리회사의 직원이에요.
Tā shì wǒmen gōngsī de zhíyuán.

▶ 이름(호칭)을 묻는 표현을 더 알아 봅시다.

你叫什么? Nǐ jiào shénme? 너 이름이 뭐니?

(我)怎么称呼您? (Wǒ) zěnme chēnghu nín? 당신을 어떻게 부르면 되나요?.

同事 tóngshì 동료 | **家** jiā 집 | **哪 (一) 个** nǎ (yí) ge 어느 (한), 어느 것 | **个** ge 개(사람이나 물건을 세는 단위) | **职员** zhíyuán 직원 | **公司** gōngsī 회사 | **怎么** zěnme 어떻게 | **称呼** chēnghu ～라고 부르다

뼈다귀 표현

CD 1-26

3

A : Nǐ de bùmén ne?

你的部门呢？

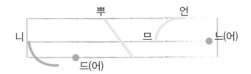

B : Wǒ zài cáiwùbù gōngzuò.

我在财务部工作。

▶ 在는 '~에 있다'라는 뜻 말고도 '~에(서)'라는 의미가 있습니다. '在(~에서) + 장소(어디) + 동작 행위 / 발생 상황(~하다)'의 형식으로 쓰여 동작 행위나 상황의 '공간적인 배경'을 나타낼 수 있습니다.

你在哪个部门工作？ Nǐ zài nǎ ge bùmén gōngzuò? 어느 부서에서 일해요?

我在销售部工作。 Wǒ zài xiāoshòubù gōngzuò. 저는 판매팀에서 일해요.

我在中国学习。 Wǒ zài Zhōngguó xuéxí. 저는 중국에서 공부해요.

(cf) 我在家。 Wǒ zài jiā. 저는 집에 있어요.

学习 xuéxí 공부하다, 학습하다

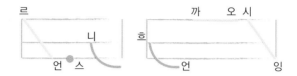

CD 1-27

4

A : Rènshi nǐ, hěn gāoxìng.

认识你, 很高兴。

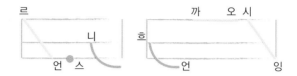

르
언 스 니

까 오 시
흐 언 잉

해석

A : 당신을 알게 되어서, 기
뻐요.

B : 당신을 알게 되어, 저도
기뻐요.

새단어

高兴 gāoxìng 기쁘다

B : Rènshi nǐ, wǒ yě hěn gāoxìng.

认识你, 我也很高兴。

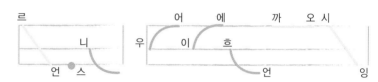

르
언 스 니

어 에 까 오 시
우 이 흐 언 잉

▶ 처음 만났을 때 '만나서 반갑다, 알게 되어 기쁘다' 정도의 의미로 认识你 , 很高兴。을 씁니다.

认识大家, 很高兴。Rènshi dàjiā hěn gāoxìng. 여러분을 알게 되어 기쁩니다.

见到你, 很高兴。Jiàndao nǐ, hěn gāoxìng. 당신을 만나게 되어 기쁩니다.

见到各位, 很高兴。Jiàndao gèwèi, hěn gāoxìng. 여러분을 만나게 되어 기쁩니다.

▶ '처음 뵙겠습니다. 잘 부탁드립니다'라는 뜻의 인사 표현에 대해 알아 봅시다.

初次见面, 请多关照。Chūcì jiànmiàn, qǐng duō guānzhào.

初次见面, 请多指教。Chūcì jiànmiàn, qǐng duō zhǐjiào.

见到 jiàndao 만나게 되다 | 初次 chūcì 처음 | 见面 jiànmiàn 만나다 | 请 qǐng 청하다, 부탁하다 | 关照 guānzhào 돌보다, 보살피다 | 指教 zhǐjiào 지도하다, 가르치다

CD 1-28

★ 병음을 보고 정확하게 읽어 봐요~

같은 회사 직원 시아오 왕이 다른 동료에게 이 대리를 아는지 묻는다.

Xiǎo Wáng **Wèi! Nǐ rènshi tā ma?**
웨이 니 런스 타 마

tóngshì **Shéi? Wǒ bú rènshi.**
쉐이 워 부 런스

(이 대리에게 첫인사를 건네는 시아오 왕)

Xiǎo Wáng **Nǐ hǎo!**
니 하오

Xiǎo Lǐ **À? Nǐ⋯⋯ hǎo.**
아 니 하오

Xiǎo Wáng **Wǒ shì xiāoshòubù de Wáng zhēn, nín guì xìng?**
워 스 시아오셔우뿌 더 왕 쩐 닌 꾸에이 싱

Xiǎo Lǐ **Miǎn guì xìng Lǐ, wǒ jiào Lǐ Zàigēn.**
미엔 꾸에이 싱 리 워 찌아오 리 짜이끄언

Xiǎo Wáng **Nǐ de bùmén ne?**
니 더 뿌먼 너

Xiǎo Lǐ **Wǒ zài cáiwùbù gōngzuò.**
워 짜이 차이우뿌 꽁쭈어

Xiǎo Wáng **Rènshi nǐ, hěn gāoxìng.**
런스 니 헌 까오씽

Xiǎo Lǐ **Rènshi nǐ, wǒ yě hěn gāoxìng.**
런스 니 워 예 헌 까오씽

小王　喂！你认识他吗？

同事　谁？我不认识。

小王　你好！

小李　啊？你……好。

小王　我是销售部的王真，您贵姓？

小李　免贵姓李，我叫李在根。

小王　你的部门呢？

小李　我在财务部工作。

小王　认识你，很高兴。

小李　认识你，我也很高兴。

  중국인들은 접대할 때 엄청난 양의 음식을 주문하는데, 그 많은 음식들을 다 먹는 게 예의인가요?

 그건 말이죠~!

보통 중국사람들은 손님을 대접할 때 생선요리, 야채요리 등등 종류별로 음식들을 넉넉히 시켜요. 이렇게 사람 수보다 더 많이 주문해서 음식이 부족하다고 느끼지 않도록 풍성하게 대접하는 거죠. 이럴 때 초대받은 사람은 준비된 음식이 만족스럽고 충분했음을 의미하는 뜻으로 조금 남겨 주는 것이 예의입니다. 전부다 먹으면 대접이 부족하다는 뜻이 될 수도 있거든요. 일반적으로 중국인들은 체면을 중시해서 음식이 얼마 남지 않으면 잘 먹지 않는다고 하니 접대받거나 접대할 경우가 생기면 이런 점을 염두에 두세요~

1 一(yī)의 성조 변화

숫자를 나타내는 一는 원래 '1성'이에요. 그런데 一는 수사 그대로 읽을 때(1,2,3…)와 순서를 나타내는 수를 읽는 경우(첫 번째, 두 번째, 세 번째…)를 제외하고 성조에 살짝 변화가 생깁니다. 두 가지 법칙만 이해하고, 그 다음은 무조건 많이 읽어서 자연스럽게 익히는 것이 가장 좋은 방법입니다.

① 一 + 1, 2, 3성 → 4성 + 1, 2, 3성

예 yì bēi(一杯) 한 잔 | yì píng(一瓶) 한 병 | yì běn(一本) 한 권

② 一 + 4성, 경성 → 2성 + 4성, 경성

예 yí jiàn(一件) 한 벌 | yí ge(一个) 한 개, 하나

Yí wàn yì qiān yì bǎi yì shí yí ge (一万一千一百一十一个) 11111개

2 一(yī)의 생략

앞에 지시대명사 这(이, 그 – 시공간적으로 가까이 있는 사물이나 사람을 가리킴)나 那(저, 그 – 시공간적으로 멀리 있는 사물이나 사람을 가리킴), 의문사 哪가 있을 경우, 일반적으로 수사 一는 생략합니다.

예 zhè(这) 이 + yí ge(一个) 한 개 → zhè yí ge = zhè ge(这个) 이것

nà(那) 저 + yí ge(一个) 한 개 → nà yí ge = nà ge(那个) 저것

nǎ(哪) 어느 + yí ge(一个) 한 개 → nǎ yí ge = nǎ ge(哪个) 어느 것

1 관형어를 만드는 구조조사 的

관형어는 명사(대부분 주어, 목적어)를 수식해 주는 성분으로, 조사 的를 사용하여 앞의 수식 성분이 뒤에 오는 중심어의 관형어임을 나타냅니다. 한국어와 비교해서 간단히 알아 보고 더 구체적인 내용은 4과에서 공부하기로 해요~

예 나   이름
我   **+**   名字
명사   명사

나의   이름
我的   **+**   名字
관형어   명사(중심어)

아는   여자
认识的   **+**   女人
관형어   명사(중심어)

> **认识女人**이라고 하면 동사(술어)와 명사(목적어)의 관계가 되어 '여자를 알다(알게 되다)'라는 뜻입니다.

2 부사어 어순

부사어는 형용사, 동사를 꾸며 주는 성분입니다. 기본적인 나열 순서를 알아 봅시다.

> 명사는 독립적으로 사용할 수 있으니까 시간 명사는 주어 앞에도 놓일 수 있어요~

주어 + 시간(언제) / 장소(어디에서) / 상태(어떻게) + 술어 + 목적어

부사어

예 나는 밥을 한다.   →   我   做 饭。

나는 집에서 밥을 한다.   →   我 在家 做 饭。
                                         장소

나는 그녀에게 밥을 해 준다.   →   我 给她 做 饭。
                                         상태

나는 집에서 그녀에게 밥을 해 준다.   →   我 在家 给她 做 饭。
                                             장소   상태

내가 집에서 그녀에게 해 준 밥   →   我 在家 给她 做的 饭
                                                 관형어   중심어

名字 míngzi 이름 | 女人 nǚrén 여자 | 做 zuò 하다, 만들다 | 做饭 zuò fàn 밥을 하다(짓다) | 给 gěi ~에게 ~해 주다

1 그림과 어울리는 문장을 골라 연결해 보세요.

 ●   ● 认识你很高兴。

 ●   ● 他是我的同事，小李。

 ●   ● 我在财务部工作。

2 녹음을 듣고 적절한 대답에 체크하세요.

● 我姓李，叫韩国。 ☐

● 好久不见！ ☐

3 다음 빈칸에 들어갈 알맞은 단어를 보기에서 고르세요.

[보기]   a 认识   b 的   c 工作   d 在   e 同事

① 직장인 동료 여러분, 안녕하세요!   ＿＿＿＿＿＿＿们，大家好！

② 저는 한국회사의 직원입니다.   我是韩国公司＿＿＿＿＿＿职员。

③ 판매팀에서 일합니다.   ＿＿＿＿＿＿销售部＿＿＿＿＿＿。

④ 여러분을 알게 되어, 기쁩니다!   ＿＿＿＿＿＿你们，很高兴！

4 제시 문장을 참고로 빈칸에 들어갈 글자를 써 넣으세요.

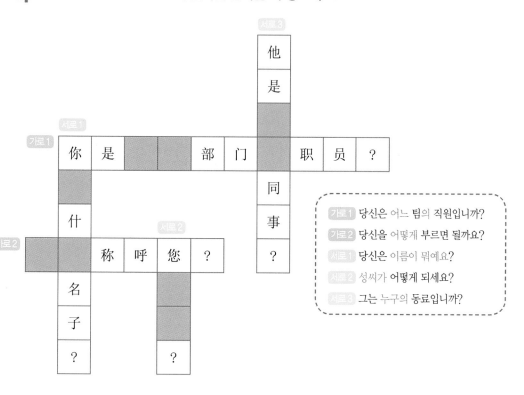

세로3
他
是

세로1

가로1 | 你 | 是 | | | 部 | 门 | | 职 | 员 | ？
同
事

什

세로2

가로2 | | 称 | 呼 | 您 | ？
名
子
？   ？

가로1 당신은 어느 팀의 직원입니까?
가로2 당신을 어떻게 부르면 될까요?
세로1 당신은 이름이 뭐예요?
세로2 성씨가 어떻게 되세요?
세로3 그는 누구의 동료입니까?

Part 04

무슨 일을 하세요?

거래처 회사의 창립 20주년 기념파티에 초대되어 많은 사람들을 만나게 되는 이다린, 명함을 건네며 새로운 사람들과 인사를 하는 상황입니다. 무슨 이야기를 나눌까요?

★ 표현 포인트
 1. 출신 국가나 직업을 묻고 대답하는 표현
 2. 소유를 나타내는 표현
 3. 这是… / 那是…

★ 문법 포인트
 的의 용법

★ 발음 포인트
 연이어 발음하기

입술 스트레칭 – 성모 zh ch sh r

zh
ㅈ

zh + è(으(어)) = zhè(즈(어)) : 이, 저(这)

⊙ 문장을 만들어 볼까요?

이곳은 중국입니다. – **Zhè shì Zhōngguó.**(这是中国。)

ch
ㅊ

ch + ū(우) = chū(츄) : 나가다 / 나오다(出)

⊙ 문장을 만들어 볼까요?

저는 수출회사에서 일합니다. – **Wǒ zài chūkǒu gōngsī gōngzuò.**
(我在出口公司工作。)

sh
ㅅ

sh + ì(으) = shì(스) : ~이다(是)

⊙ 문장을 만들어 볼까요?

아니에요. – **Bú shì.**(不是。)

r
ㄹ

r + én(으(언)) = rén(르(언)) : 사람(人)

⊙ 문장을 만들어 볼까요?

저는 이 사람을 압니다. – **Wǒ rènshi zhè ge rén.**(我认识这个人。)

혀 스트레칭

CD 1-31

1 성모 + 단운모 성조에 유의해서 읽어 봐요.

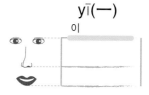 yī(一)

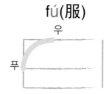 fú(服)

 shǒu(手)

 shì(是)

2 성모 + 복운모

★ 앞부분을 강하고 길게 읽는 **운모**

méi(没) 메~~이　　　běi(北) 베~~이　　　mèi(妹) 메~~이

kǒu(口) 커~~우　　　chōu(抽) 쳐~~우　　　lóu(楼) 러~~우

> 불규칙② – 운모 e 뒤로 운모 i나 ü가 오면 '에'로 발음해요.

★ 뒷부분을 강하고 길게 읽는 **운모**

wā(哇) 우아~~　　　shuǎ(耍) 슈아~~　　　guà(挂) 꾸아~~

duō(多) 뚜어~~　　　zhuō(桌) 쥬어~~　　　guó(国) 구어~~

★ 중간 부분을 강하고 길게 읽는 **운모**

guì(贵) 꾸에~~이　　zuǐ(嘴) 주에~~이　　cuì(脆) 추에~~이

yǒu(有) 이어~~우　　jiū(究) 지어~~우　　qiú(求) 치어~~우

> 불규칙④ – 운모 iou 앞에 성모가 오면 o를 생략해요.

★ 콧소리를 내며 읽는 **비운모**

yuán(员) 위엔~~　　　quàn(劝) 취엔~~　　　xuǎn(选) 쉬엔~~

guān(关) 꾸안~~　　　suān(酸) 쑤안~~　　　chuán(传) 츄안~~

뼈다귀 표현

CD 1-32

1

A : Nǐ zuò shénme gōngzuò ?

你做什么工作?

> 하다(做) + 무슨(什么)
> + 일(工作)

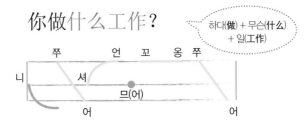

해석

A : 당신은 무슨 일을 하세요?

B : 전 한 무역 회사에서 일해요.

B : Wǒ zài yì jiā màoyì gōngsī gōngzuò.

我在一家贸易公司工作。

새단어

做 zuò ~을 하다, ~을 만들다
家 jiā 집·점포·공장 등을 세는 단위
贸易 màoyì 무역

▶ 什么(무엇)를 써서 직업을 물어볼 수 있습니다. 什么 역시 의문사이므로 谁(누구)처럼 吗 없이도 의문문이 된답니다. 직업을 묻는 표현은 '어느, 어디'를 뜻하는 의문사 哪(儿)nǎ(r)를 써서 표현할 수도 있어요.

你在哪儿工作? Nǐ zài nǎr gōngzuò? 당신은 어디에서 일하세요?
你在哪个单位工作? Nǐ zài nǎ ge dānwèi gōngzuò? 어느 기관에서 일하나요?
你在什么公司工作? 당신은 어느 회사에서 일하나요?
Nǐ zài shénme gōngsī gōngzuò?

▶ 우리말에도 물건은 '개', 책은 '권', 동물은 '마리'를 붙여 세듯이 중국어에서도 사물에 따라 여러 가지 양사를 사용합니다. 가장 대표적인 양사는 사람이나 물건을 세는 个 ge 입니다.

一家商店 yì jiā shāngdiàn 한 상점 | 一个人 yí ge rén 한 사람

单位 dānwèi 기관, 단체, 회사 | 商店 shāngdiàn 상점,가게 | 人 rén 사람

72

2

A : Nǐ yǒu míngpiàn ma?

你有名片吗?

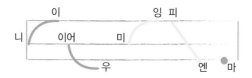

B : Yǒu, zhè shì wǒ de míngpiàn.

有, 这是我的名片。

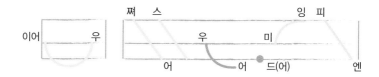

▶ '~가 있다, ~을 가지고 있다'라는 소유를 나타낼 때는 有를 사용하고, 반대로 '~가 없다' 라고 할 때는 没有를 씁니다.

有中国职员。 Yǒu Zhōngguó zhíyuán. 중국 직원이 있어요.

我没有中文名片。 Wǒ méi yǒu Zhōngwén míngpiàn. 전 중문 명함이 없어요.

▶ 시간 · 공간적으로 가까이 있는 것을 가리킬 때는 这를 사용해요. 일반적으로 동사 是 가 술어인 문장에선 '这(不)是…' 형식으로 쓰여 '이것은 ~이다 / 아니다'라는 의미를 나타냅니다. 반대로 시간 · 공간적으로 멀리 있는 것을 가리킬 땐 那를 사용한다는 것도 알아 두세요~

那是什么? Nà shì shénme? 그게(저게) 뭔데?

这是他的手机。 Zhè shì tā de shǒujī. 이건 그 사람의 휴대폰입니다.

这是什么话? Zhè shì shénme huà? 그게(이게) 무슨 말이야? (그것 : 방금 네가 한 말)

没有 méi yǒu ~가 없다 | 中文 Zhōngwén 중문, 중국어 | 那 nà 그(것), 저(것) |
手机 shǒujī 휴대폰, 휴대전화 | 话 huà 말

CD 1-34

3

A : À!　Nǐ láizì Hánguó?

啊！你来自韩国？

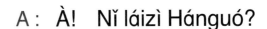

아　　　　　　　이 쯔　　안　어

니　　　라　　　하　　구

> '아니에요'는
> 不是라고 합니다.

B : Shì! Wǒmen zǒnggōngsī zài Hánguó.

是！我们总公司在韩国。

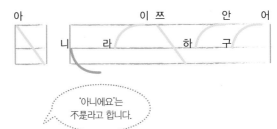

스　　　　　　　꼬　옹쓰　짜　　안　어

우　　　조　　　　　　하　구

어 므(언)　옹　　　이

A : 아! 당신 한국에서 왔네요?
B : 네! 우리 본사가 한국에 있
　　어요.

새단어

来自 láizì ~에서 오다
韩国 Hánguó 한국
是 shì 그러하다, ~이다
总 zǒng 주요한, 지도적인
总公司 zǒnggōngsī 본사

▶ 출신 지역이나 국가를 나타내는 표현 중, 가장 간단하게 나타낼 수 있는 방법은 '来(오다)
自(~에서)'를 사용하는 것입니다.

你来自哪儿? Nǐ láizì nǎr? 너는 어디에서 왔니?
我来自美国。 Wǒ láizì Měiguó. 전 미국에서 왔어요.

▶ 在가 동사 '~에 있다'로 쓰일 때는 뒤에 '장소'를 나타내는 목적어가 필요합니다.

你在哪儿? Nǐ zài nǎr? 당신은 어디에 있나요?
我在办公室。 Wǒ zài bàngōngshì. 저는 사무실에 있습니다.

美国 Měiguó 미국 | 办公室 bàngōngshì 사무실

CD 1-35

4

A : Lǐ xiānsheng, nǐ rènshi tā ma?

李先生， 你认识他吗?

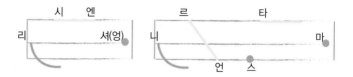

A : 미스터 리, 당신은 그를
아시나요?

B : 네, 그는 베이징 지사의
사장님이에요.

先生 xiānsheng 선생님, ~씨
北京 Běijīng 베이징
分公司 fēngōngsī 지사
总裁 zǒngcái 최고 경영자(CEO)

B : Shì, tā shì Běijīng fēngōngsī de zǒngcái.

是，他是北京分公司的总裁。

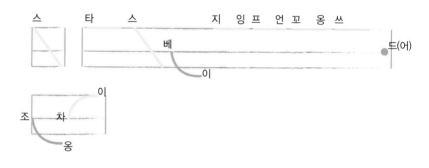

▶ 알아 두면 좋은 호칭

젊은 여자를 부르는 통칭 - 小姐 xiǎojiě 아가씨, 미스 ~
서비스업에 종사하는 모든 사람 - 服务员 fúwùyuán 종업원, 웨이터
성인 남자를 높여 칭하는 호칭 - 先生 xiānsheng 선생님, 씨
성인 여자를 높여 칭하는 호칭 - 女士 nǚshì 여사님

服务员 fúwùyuán 종업원 | 女士 nǚshì 여사, 부인, 숙녀

4과 무슨 일을 하세요? 75

CD 1-36

★ 병음을 보고 정확하게 읽어 봐요~

거래처 회사 창립 20주년 기념파티장에서

Zhōngguó rén Nǐ zuò shénme gōngzuò?
니 쭈어 션머 꽁쭈어

Xiǎo Lǐ Wǒ zài yì jiā màoyì gōngsī gōngzuò.
워 짜이 이 지아 마오이 꽁쓰 꽁쭈어

Zhōngguó rén Nǐ yǒu míngpiàn ma?
니 여우 밍피엔 마

Xiǎo Lǐ Yǒu, zhè shì wǒ de míngpiàn.
여우 쩌 스 워 더 밍피엔

Zhōngguó rén À! Nǐ láizì Hánguó?
아 니 라이쯔 한구어

Xiǎo Lǐ Shì! Wǒmen zǒnggōngsī zài Hánguó.
스 워먼 종꽁쓰 짜이 한구어

(그때 옆 테이블의 한 남자와 눈인사하는 이 대리)

Zhōngguó rén Lǐ xiānsheng, nǐ rènshi tā ma?
리 시엔셩 니 런스 타 마

Xiǎo Lǐ Shì, tā shì Běijīng fēngōngsī de zǒngcái.
스 타 스 베이징 펀꽁스 더 종차이

★ 한자만 보고 정확하게 읽어 봐요~

中国人	你做什么工作？
小李	我在一家贸易公司工作。
中国人	你有名片吗？
小李	有，这是我的名片。
中国人	啊！你来自韩国？
小李	是！我们总公司在韩国。

中国人	李先生，你认识他吗？
小李	是，他是北京分公司的总裁。

  명함을 교환할 때 유용한 표현이나 주의해야 할 매너가 따로 있나요?

그건 말이죠~!

중국 역시 일본, 한국과 같이 직책이 낮은 사람(방문자 / 손아래 사람)이 높은 사람(초대자 / 손윗사람)에게 먼저 명함을 건네는 것이 예의입니다.

명함을 줄 때는 상대가 명함을 정면으로 볼 수 있게 해서 두 손으로 건네는데, 보통 존경의 표시로 손은 가슴보다 위에 둡니다. 이때 **这是我的名片，请多关照。 Zhè shì wǒ de míngpiàn, qǐng duō guānzhào.**(제 명함입니다. 잘 부탁드려요.) 하고 정중하게 말합니다.

반대로 명함을 받았을 때는 상대의 이름과 직함을 작게 읽어 본 후, **谢谢!**라고 감사의 말을 전하거나, **认识 您，很高兴!** 하고 반가움을 표현합니다. 명함을 받은 후엔 상대가 보는 앞에서 명함 보관함의 자신의 명함 위에 놓는 예의를 지켜 주세요. 만약, 상대가 먼저 명함을 건넸을 경우, 상대 명함을 위에 올려놓고, 자신의 명함은 아래에서 꺼내 줍니다.

1 연이어 발음하기

한 단어나 문장이 모두 같은 성조로 이루어져 있을 때 자연스럽게 연이어 발음하는 연습을 해 봅시다.

① 1성이 이어지면 끝 발음을 제일 평평하고 길게 빼 줍니다.

jīntiān(今天) 지인 티엔~~   xīngqīyī(星期一) 시잉 치 이~~

Jīntiān xīngqīyī.(今天星期一。오늘은 월요일이야.)

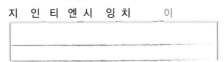

② 2성이 이어지면 끝 발음을 제일 둥글고 길게 말아 줍니다.

Hánguó rén(韩国人) 하안 구어 르(언)~~   huí(回) 후에이~~

Hánguó rén huí Hánguó.(韩国人回韩国。한국인은 한국으로 돌아간다.)

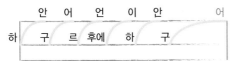

③ 3성이 이어지면 문장 성분 구분에 따른 띄어 읽기가 '3성 변화'의 기준이 됩니다.

kěyǐ(可以) 크(어) 이   gěi nǐ(给你) 게이 니

Wǒ kěyǐ gěi nǐ.(我可以给你。난 너에게 줄 수 있어.)

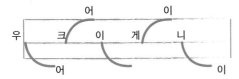

④ 4성이 이어지면 끝 발음을 제일 분명하고 길게 질러 줍니다.

zuò(做) 쭈어   Yìdàlìmiàn(意大利面) 이 따리 미엔

Wǒ zuò Yìdàlìmiàn.(我做意大利面。난 스파게티를 만든다.)

직딩 문법

1 的의 용법

관형어가 되려면 수식성분 뒤에 的를 붙여야 하잖아요. 그런데 문장의 모든 수식성분에 다 붙이면 的가 너무 많겠죠? 的를 어느 때 사용하는지 알아 봅시다. 한 번에 다 외우려 하지 말고 나올 때마다 확인하세요~

1) 거의 안 쓰는 경우

① 중심어가 가족(가까운 친구/동료와 친척) 관계나 소속되는 집단을 나타낼 때

> 예 나의 엄마 我(的)妈妈　　　 나의 집('내'가 소속되는 집단) 我(的)家

② 관형어가 중심어의 출신/국가나 성분/재료를 나타낼 때

> 예 베이징 회사 北京公司　　　 무역 회사 贸易公司　　　 구두(가죽 신발) 皮鞋

③ 관형어가 1음절 형용사나 동사일 때

> 예 본사(주요한 회사) 总公司　　　 빨간 구두 红皮鞋

2) 절대 쓰면 안 되는 경우

④ 관형어가 수량사(수사 + 양사)일 때

> 예 한 회사 一家公司　　　 한 켤레의 구두 一双皮鞋

⑤ 관형어가 什么(무슨)나 多少(얼마의)일 때

> 예 무슨 일 什么工作　　　 몇 명의 직원 多少职员

3) 꼭 써야 하는 경우

중심어가 관형어의 소유임을 나타내야 할 경우는 반드시 的를 써야 합니다. 예문을 통해 위에서 배운 것들을 종합해서 알아 봅시다.

우리 엄마의 이 빨간 가죽　　　신발
　　　관형어　　　　　　　中심어

我(的)妈妈 的 这(一)双 红 皮鞋
　　　①　　　　④　　③　②

皮 pí 가죽 | 鞋 xié 신발 | 红 hóng 빨갛다 | 双 shuāng 켤레, 쌍

1 그림과 어울리는 문장을 골라 연결해 보세요.

●   ● 我们公司有一个中国职员。

●   ● 你有<u>英文</u>名片吗?
                                  Yīngwén 영문

●   ● 我们部门没有女职员。

2 녹음을 듣고 적절한 대답에 체크하세요. CD 1-37

● 有韩国！   ☐

● 在韩国。   ☐

3 다음 빈칸에 들어갈 알맞은 단어를 보기에서 고르세요.

① 저곳은 그녀의 사무실이에요.　　　　　　　_____是她_____办公室。

② 이 사람은 중국직원이에요.　　　　　　　_____是中国职员。

③ 당신은 어디에서 일하나요?　　　　　你在_____工作?

④ 이것은 제 명함이 아니에요.　　　　　这不是我_____名片。

4 제시 문장을 참고로 빈칸에 들어갈 글자를 써 넣으세요.

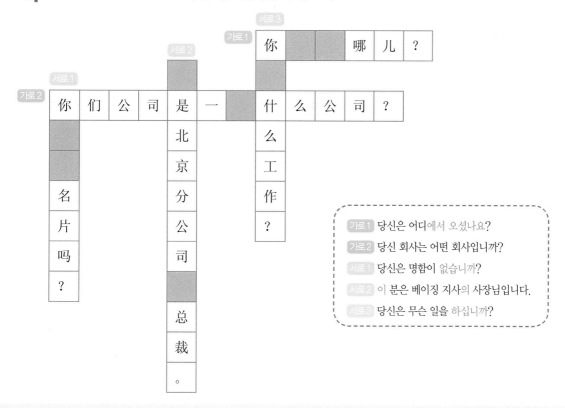

세로3
가로1　你　　　　　哪　儿　?

세로2

세로1
가로2　你　们　公　司　是　一　　什　么　公　司　?
　　　　　　　　北　　么
　　　　　　　　京　　工
　　　名　　　分　　作
　　　片　　　公　　?
　　　吗　　　司
　　　?
　　　　　　　总
　　　　　　　裁
　　　　　　　。

가로1 당신은 어디에서 오셨나요?
가로2 당신 회사는 어떤 회사입니까?
세로1 당신은 명함이 없습니까?
세로2 이 분은 베이징 지사의 사장님입니다.
세로3 당신은 무슨 일을 하십니까?

Part 05

1~4과 종합정리

올해 스물 아홉 이에요.

베이징 생활에 안정을 찾고, 중국어에도 어느 정도 자신감이 생긴 이 대리는 이제 인터넷 공간에서도 친구를 사귀어 보려고 합니다. '직장인 친목 모임'에 가입 인사와 자기 소개 글을 어떻게 썼는지 한번 알아 봐요.

1과 - 인사 표현
1. 你好 – 再见
2. 不去 VS 没去
3. 吃饭 VS 吃饭了。
4. 부사 也

2과 - 안부, 근황을 나타내는 표현
1. 你好！你好吗?
2. 我很好，你呢?
3. …怎么样?
4. 동사 在

3과 - 이름, 부서 표현
1. 您贵姓？我姓…, 叫…。
2. 在…工作。
3. 认识你，很高兴！(반가움의 표현)

4과 - 직업을 나타내는 표현
1. 你做什么工作? = 你在哪儿工作?
2. 这 VS 那
3. 동사 有

입술 스트레칭 - 성모 z c s

Z
ㅉ, ㅈ

z + ǒng (옹) = zǒng (조(옹) ≒ 종) : 주요하다(总)

○ 문장을 만들어 볼까요?

전 본사에서 일합니다. – Wǒ zài zǒnggōngsī gōngzuò.
(我在总公司工作。)

C
ㅊ

c + óng (오~옹) = cóng (초(옹) ≒ 총) : ~로 부터(从)

○ 문장을 만들어 볼까요?

한국에서 온 사람 – Cóng Hánguó lái de rén(从韩国来的人)

S
ㅆ, ㅅ

s + ì (으) = sì (쓰) : 4(四)

○ 문장을 만들어 볼까요?

4는 10이 아닙니다. – Sì bú shì shí.(四不是十。)

혀 스트레칭

1 성모 + 단운모 성조에 유의해서 읽어 보아요.

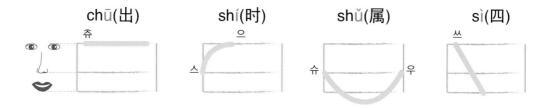

chū(出) shí(时) shǔ(属) sì(四)

2 성모 + 복운모

★ 앞부분을 강하고 길게 읽는 **운모**

hòu(后) 허~~우 gǒu(狗) 거~~우 chòu(臭) 쳐~~우

cái(财) 차~~이 dāi(呆) 따~~이 hái(还) 하~~이

★ 뒷부분을 강하고 길게 읽는 **운모**

yuè(月) 위에~~ yuē(约) 위에~~ jué(觉) 쥐에~~

qiè(切) 치에~~ tiě(铁) 티에~~ jiè(借) 지에~~

> 불규칙② - 운모 e 뒤로 운모 i나 ü가 오면 '에'로 발음해요.

★ 중간 부분을 강하고 길게 읽는 **운모**

kuài(快) 쿠아~~이 guǎi(拐) 구아~~이 shuài(帅) 슈아~~이

jiào(叫) 지아~~오 jiāo(交) 지아~~오 Piáo(朴) 피아~~오

★ 콧소리를 내며 읽는 **비운모**

zǒng(总) 조옹(≒종) gōng(公) 꼬옹(≒꽁) tóng(同) 토옹(≒통)

jìn(进) 지인(≒진) jǐn(紧) 지인(≒진) xìng(兴) 시잉(≒싱)

CD 1-40

1

Wǒ jiào Lǐ Zàigēn, jīnnián èrshí jiǔ suì.

我叫李在根， 今年29岁。

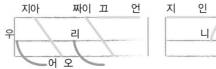
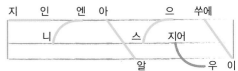

해석

전 이재근이라고 하고,
올해 스물 아홉 살이에요.
한 수출입 무역 회사에서 일
합니다.

Wǒ zài yì jiā jìnchūkǒu màoyì gōngsī gōngzuò.

我在一家进出口贸易公司工作。

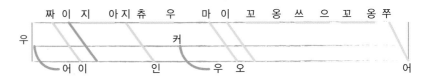

새단어

今年 jīnnián 올해
岁 suì ~세, ~살
进出口 jìnchūkǒu 수출입

▶ 나이를 표현하는 문장은 동사 是를 쓰지 않고, 바로 '숫자 + 岁'로 나타낼 수 있습니다.

我六岁。 Wǒ liù suì. 전 6살이에요.

我六十九岁。 Wǒ liùshí jiǔ suì. 전 69세입니다.

▶ 숫자 표현하기

0	1	2	3	4	5	6	7	8	9	10	100	1000	10000
零	一	二	三	四	五	六	七	八	九	十	百	千	万
líng	yī	èr	sān	sì	wǔ	liù	qī	bā	jiǔ	shí	bǎi	qiān	wàn

만약 숫자 중간에 0이 없으면, 마지막 단위는 생략 가능하지만 중간에 0이 있으면,
마지막 단위까지 꼭 읽어 줘야 합니다.

120 一百二(十) yì bǎi èr(shí)   1200 一千二(百) yì qiān èr(bǎi)

1020 一千零二十 yì qiān líng èrshí

CD 1-41

2

Língqī nián jìnrù gōngsī,
qùnián liù yuèfèn lái Běijīng le.

07年进入公司，去年6月份来北京了。

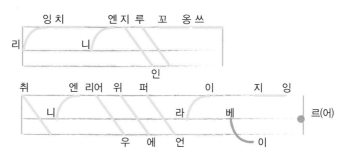

Wǒ zài cáiwùbù gōngzuò,
shì cáiwù fùzǒng de mìshū.

我在财务部工作，是财务副总的秘书。

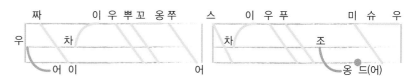

해석

2007년에 회사에 들어왔고요, 작년 6월 베이징에 왔답니다.

저는 재무부에서 일하는, 재무 이사님의 비서예요.

새단어

进入 jìnrù 입사하다
去年 qùnián 작년
月 yuè 월
月份 yuèfèn 월, 달 [어느 한 달을 가리킴]
财务副总 (经理)
cáiwù fùzǒng 재무 이사(CFO)
秘书 mìshū 비서

▶ 중국어의 날짜는 한국어와 똑같이 '연, 월, 일' 순으로 나타냅니다. 월, 일을 물어볼 때는 几를 사용합니다.

我二零零二年二月十二号来北京了。 전 2002년 2월 12일에 베이징에 왔어요.
Wǒ èr líng líng èr nián èr yuè shí'èr hào lái Běijīng le.

今天是几月几号? Jīntiān shì jǐ yuè jǐ hào? 오늘은 몇 월 며칠이니?

去年十二月二十五号你去哪儿了? 작년 12월 25일에 넌 어디 갔었니?
Qùnián shí'èr yuè èrshí wǔ hào nǐ qù nǎr le?

▶ 가까운 연도 표현

재작년	작년	올해(금년)	내년	후년
前年	去年	今年	明年	后年
qiánnián	qùnián	jīnnián	míngnián	hòunián

号 hào 일, 번(호) | 几 jǐ 몇

CD 1-42

3

Wǒmen fùzǒng bùcháng zài bàngōngshì,
wǒ gōngzuò bútài máng,
我们副总不常在办公室，我工作不太忙，

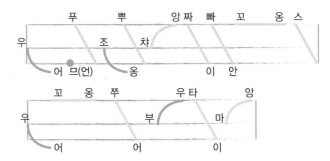

해석

우리 이사님은 평소 사무실에 자주 안 계시기 때문에, 저는 일이 별로 바쁘진 않답니다.
동료들은 모두 절 '빈둥이'라고 불러요.

tóngshìmen dōu jiào wǒ "xiánrén".
同事们都叫我 "闲人"。

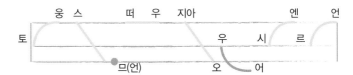

새단어

副总 fùzǒng 이사, 부사장
不常 bùcháng 자주 ~하지 않는다, 어쩌다가
叫我… jiào wǒ… 나를 ~라고 부르다
闲 xián 한가하다
闲人 xiánrén 한가한 사람

▶ 어떤 일이나 상태가 '자주 발생하지 않음'을 의미할 때, 不常을 써서 표현합니다. 반대로 '자주, 종종'을 나타낼 때는 常常 chángcháng 을 사용해요.

我不常去中国。 Wǒ bùcháng qù Zhōngguó. 전 중국에 자주 가지 않습니다.

我不常见他。 Wǒ bùcháng jiàn tā. 전 그를 자주 만나지 않습니다.

他常常给客户打电话吗？ 그는 자주 고객에게 전화를 합니까?
Tā chángcháng gěi kèhù dǎ diànhuà ma?

▶ 闲人의 반대 표현으로 '일이 많아 아주 바쁜 사람'을 忙人이나 大忙人이라고 합니다.

大忙人来了！ Dàmángrén lái le! 연예인 납셨네!

他是个忙人。 Tā shì ge mángrén. 쟤 아주 바쁜 사람이야.

客户 kèhù 손님, 고객 | **(大)忙人** (dà)mángrén 업무가 아주 바쁜 사람

4

Wǒ zài zhèr yíqiè dōu hěn hǎo.
我在这儿一切都很好。

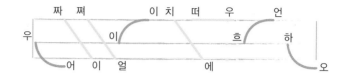

짜 쩌 　　 이 치 떠 우 　　 언
우 　　 이 　　 흐 　　 하
　 어 이 얼 　 에 　 오

Gōngzuò bù jǐnzhāng, shēntǐ yě hěn hǎo,
tiāntiān hěn kāixīn.
工作不紧张，身体也很好，天天很开心。

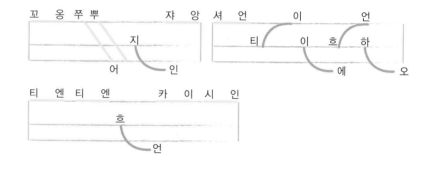

꼬 옹 쭈 뿌 　　 쟈 양 셔 언 　 이 　　 언
　 지 　 티 　 이 흐 하
　 어 　 인 　 에 　 오

티 엔 티 엔 　　 카 이 시 인
흐
언

해석

전 이곳에서의 모든 게 좋답
니다.
업무가 빡빡하지도 않고, 몸
도 건강하고, 매일 아주 즐거
워요.

새단어

一切 yíqiè 일체, 전부, 모든
紧张 jǐnzhāng 긴장하다,
　　　　타이트하다(빠듯하다)
天天 tiāntiān 날마다

▶ '일정한 범위 내의 모든 사람이나 사물, 일이나 상황' 등을 일컬어 一切라고 합니다.

我喜欢中国的一切。 Wǒ xǐhuan Zhōngguó de yíqiè. 전 중국의 전부를 좋아해요.

一切都很顺利。 Yíqiè dōu hěn shùnlì. 모든 게 다 순조로워요.

喜欢 xǐhuan ～을 좋아하다, ～하기를 즐기다

CD 1-44

★ 병음을 보고 정확하게 읽어 봐요~

이 대리의 온라인 커뮤니티 가입 인사글~

Wǎngyǒumen, nǐmen hǎo!
왕여우먼 니먼 하오

Wǒ jiào Lǐ Zàigēn, jīnnián èrshí jiǔ suì.
워 지아오 리 짜이끄언 진니엔 알스 지어우 쑤에이

Wǒ zài yì jiā jìnchūkǒu màoyì gōngsī gōngzuò.
워 짜이 이 지아 진츄커우 마오이 꽁쓰 꽁쭈어

Língqī nián jìnrù gōngsī, qùnián liù yuèfèn lái Běijīng le.
링치 니엔 진루 꽁쓰 취니엔 리어우 위에펀 라이 베이징 러

Wǒ zài cáiwùbù gōngzuò, shì cáiwù fùzǒng de mìshū.
워 짜이 차이우뿌 꽁쭈어 스 차이우 푸종 더 미슈

Wǒmen fùzǒng bùcháng zài bàngōngshì,
워먼 푸종 뿌챵 짜이 빤꽁스

wǒ gōngzuò bútài máng, tóngshìmen dōu jiào wǒ "xiánrén".
워 꽁쭈어 부타이 망 통스먼 떠우 지아오 워 시엔런

Wǒ zài zhèr yíqiè dōu hěn hǎo.
워 짜이 쩔 이치에 떠우 헌 하오

Gōngzuò bù jǐnzhāng, shēntǐ yě hěn hǎo,
꽁쭈어 뿌 진쟈앙 션티 예 헌 하오

tiāntiān hěn kāixīn.
티엔티엔 헌 카이신

Rènshi dàjiā, fēicháng gāoxìng!
런스 따지아 페이챵 까오씽

Yǐhòu qǐng duō guānzhào!
이허우 칭 뚜어 꾸안쟈오

网友们，你们好！(1과)
wǎngyǒu 누리꾼

我叫李在根, (3과) 今年２９岁。

我在一家进出口贸易公司工作。(4과)

07年进入公司，去年6月份来北京了。

我在财务部工作, (4과) 是财务副总的秘书。(3과)

我们副总不常在办公室, (2과) 我工作不太忙, (2과)

同事们都叫我"闲人"。(3과)

我在这儿一切都很好。(2과)

工作不紧张，身体也很好，天天很开心。(2과)

认识大家，非常高兴！(3과)

以后请多关照！(3과)
yǐhòu 앞으로

궁금해요 Q 중국 나이와 한국 나이는 같나요? 또 중국도 한국처럼 나이를 많이 따지나요?

A 그건 말이죠~!

한국은 태어나자마자 1살이죠? 중국은 지역마다 다 달라요. 그래서 성인들 사이에는 실제로 출생연도를 알 수 있는 '띠(属 shǔ (슈))'를 묻고 답하는 경우가 많습니다. 예를 들어 '당신은 무슨 띠입니까?(您属什么? Nín shǔ shénme?)라고 물어보면 '저는 닭띠입니다.(我属鸡。Wǒ shǔ jī.)'라고 대답하면 됩니다. 이렇게 보면, 위아래 서열을 확실히 따지는 건 두 나라가 참 비슷한 것 같지만 중국사람들은 친구를 사귀는 데 나이를 크게 상관하지 않아요. 사회적 교류를 통해 형성된 인간 관계에서도 친밀함을 더하기 위해 가족들 간에 쓰는 호칭을 사용하기도 하는데 형제 같은 친구끼린 '꺼멀(哥们儿 gēmenr)', 자매 같은 친구끼린 '지에멀(姐们儿 jiěmenr)'이라고 한답니다.

1 성모 'j q x'와 'zh ch sh r z c s'

	j	q	x	zh	ch	sh	r	z	c	s
u (위/우)	ju 쥐	qu 취	xu 쉬	zhu 쥬	chu 츄	shu 슈	ru 루	zu 쭈	cu 추	su 쑤
i (이/으)	ji 지	qi 치	xi 시	zhi 즈	chi 츠	shi 스	ri 르	zi 쯔	ci 츠	si 쓰

성모 j q x 뒤엔 반드시
운모 i나 ü가 와야
그 뒤에 다른 운모도
결합될 수 있어요.

성모 j q x와 발음이
겹치지 않아야 하므로
절대 '이'나 '위' 발음이 될 수
없답니다.

예 búqù(不去) 부취   bùchī(不吃) 뿌츠

lùdēng(路灯) 루떵   lǜdēng(绿灯) 뤼떵

bùjí(不急) 뿌지   bùzhí(不值) 뿌즈

2 성모 'zh ch sh r'와 'z c s'

zh ch sh r는 바람이 새는 소리처럼 강하지 않게 발음하고, z c s는 억센 된소리로 강하게 발음
합니다.

예 Shísì shì shísì, sìshí shì sìshí.   (十四是十四，四十是四十。)

Shísì bú shì sìshí, sìshí búshì shísì. (十四不是四十，四十不是十四。)

1 명사 술어문

명사 자체가 술어가 되기 때문에 다른 술어가 따로 필요 없는 문장을 명사 술어문이라고 합니다. 주로 나이, 학년, 시간, 날짜, 요일, 금액을 나타낼 때 쓰입니다.

예	전 20살이에요.	我20岁。
	전 4학년이에요.	我4年级。
	지금은 3시예요.	现在3点。
	오늘은 4월 20일입니다.	今天4月20号。
	오늘은 수요일입니다.	今天星期三。
	이것은 5위엔입니다.	这个5块。

단, 명사 술어문도 전달하는 내용을 확인·강조해 줄 때는 是를 쓰기도 해요.

| 예 | 제가 30살이고요, 제 여동생은 28살이에요. | 我是30岁，我妹妹是28岁。 |

2 명사 술어문의 부정문과 의문문

명사 술어문의 부정문은 不是를 사용해서 나타내며, 의문문은 吗, 几, 多, 哪 등을 사용합니다.

예	제 여동생은 30살이 아니에요.	我妹妹不是30岁。
	(10살 미만의 어린 아이에게) 너 몇 살이니?	你几岁？
	(자신과 비슷한 연배의 사람에게) 나이가 어떻게 돼요?	你多大？
	(자신보다 연배가 높은 사람에게) 연세가 어떻게 되세요?	您多大年纪？

年级 niánjí 학년 | **现在** xiànzài 현재, 지금 | **点** diǎn 시 | **星期三** xīngqīsān 수요일 | **妹妹** mèimei 여동생 |
块 kuài 위엔(元 : 중국 화폐단위) | **多** duō 얼마나 | **大** dà 크다, 많다 | **年纪** niánjì 나이, 연세

1 그림과 어울리는 문장을 골라 연결해 보세요.

●   ● 你几岁?

●   ● 您多大年纪?

●   ● 你多大?

2 녹음을 듣고 적절한 대답에 체크하세요.

● 我在韩国。 ☐

● 我在一家贸易公司工作。 ☐

3 본문 내용을 토대로 다음 질문에 답해 보세요.

① 怎么称呼他? (≒ 他叫什么名字?), 今年多大?

② 他做什么工作?

③ 他们公司是一家什么公司?

④ 他在哪个部门工作?

⑤ 现在他在哪儿?

4 지금까지 배운 내용을 토대로 빈칸을 채워 자기 소개를 해 보세요.

제 이름은 ~입니다.
我叫_____。

쥐 鼠 shǔ	소 牛 niú	호랑이 虎 hǔ
토끼 兔 tù	용 龙 lóng	뱀 蛇 shé
말 马 mǎ	양 羊 yáng	원숭이 猴 hóu
닭 鸡 jī	개 狗 gǒu	돼지 猪 zhū

저는 ~띠이며, 올해 ~살입니다.
我属_____, 今年 _____岁。

저는 회사원이며, 지금은 ~에 있습니다. 저는 ~년에 일을 시작했습니다.
我是_____。 现在我在_____。 我_____年开始工作。
kāishǐ 시작하다

우리 회사는 (하나의) ~회사입니다. 저는 ~팀에서 일합니다.
我们公司是一家_____公司。 我在_____部工作。

전 일이 ~하고, 요즘 몸이 ~합니다.
我工作_____, 最近身体_____。

동료들은 모두 저를 ~라고 부릅니다.
同事们都叫我_____。

외근 중이에요.

오늘은 이 대리가 운이 없나 봐요. 근무 시간에 자꾸만
주임의 레이더망에 걸려 이것저것 꼬투리가 잡힙니다.
이 대리의 상사가 뭐라고 잔소리하는지 들어 볼까요?

★ 표현 포인트
  1. ~하고 있다(진행)
  2. 요일 표현
  3. 시간 표현

★ 문법 포인트
  1. 요일은 묻는 표현(명사 술어문)
  2. 어기조사 吗 / 呢 / 了 / 吧
  3. 在의 다양한 용법
  4. 시제 나타내기(시간사 / 어기조사)

1

🔘 CD 2-01

A: Nǐ zài fā shénme dāi?

你在发什么呆？

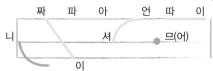

发(때리다) + 什么(무슨) + 呆(멍) = 무슨 멍을 때려?

짜 파 아 언 따 이
니 ㅣ   셔   므(어)
        이

해석

A : 무슨 멍을 때리고 있어?

B : 안 그랬어요!

B: Wǒ méi yǒu!

我没有！

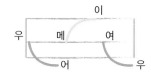

         이
우 ㅣ 메   여
      어   우

새단어

在 zài ~하고 있다

发呆 fādāi 멍하다, 얼이 빠지다

没有 méi yǒu ~가(이) 없다,
　　 ~하지 않았다

▶ 언제 일어난 일이든 상관없이 바로 그 시점에 '~하고 있다, ~하고 있었다'를 나타낼 땐, 동사 앞에 간단히 在를 붙여 표현합니다.

你在说什么(话)? Nǐ zài shuō shénme (huà)? 너 무슨 말을 하고 있는 거야?

你在想什么? Nǐ zài xiǎng shénme? 너는 무슨 생각을 하고 있니?

他在买东西。Tā zài mǎi dōngxi. 그는 물건을 사고 있어.

他在吃饭。Tā zài chī fàn. 그는 밥을 먹고 있어.

▶ '그런 일을 한 적이 없음, 일어난 적이 없음'을 나타낼 때, 가장 간단한 방법은 没有로 표현하는 것입니다. 좀 더 '그 동작을 진행하고 있었던 사실이 없다는 것을 부각시키고 싶으면, '没(없다) + 在(~하고 있던 사실이)'를 써서 나타낼 수 있습니다.

A : 他去了吗? Tā qù le ma? 걔 갔어?　　　　　B : 没有。Méi yǒu. 안 갔어.

A : 他在玩儿吗? Tā zài wánr ma? 걔 놀고 있어?

B : 他没在玩儿，在工作。Tā méi zài wánr, zài gōngzuò. 안 놀고 있어, 일하고 있어.

说 shuō 말하다 | 想 xiǎng 생각하다 | 买 mǎi 사다 | 东西 dōngxi 물건 | 玩儿 wánr 놀다

2

A : Nà nǐ zài zuò shénme?
那你在做什么?

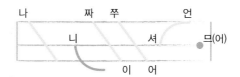

A : 그럼 뭐 하고 있었는데?
B : 팩스 받잖아요!

새단어

那 nà 그렇다면
接 jiē 받다
传真 chuánzhēn 팩스
呢 ne ~거든, ~잖아

B : Jiē chuánzhēn ne!
接传真呢!

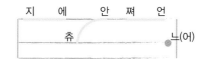

▶ 那는 '그(저), 그(저)것'이라는 멀리 있는 사물이나 사람을 가리키는 뜻 외에도, 문장 맨 앞에 접속사로 사용되어 '그렇다면'이라는 의미를 나타내기도 한답니다.

那你呢? Nà nǐ ne? 그럼 너는?
那这是什么? Nà zhè shì shénme? 그럼 이건 뭐야?
那, 昨天你在哪儿? Nà, zuótiān nǐ zài nǎr? 그럼, 어제는 너 어디에 있었어?

▶ 어떤 사실을 '확인 · 강조'할 때는 문장 끝에 呢를 씁니다. '진행 중인 동작의 행위를 나타내는 문장에 어기조사 呢가 사용되면, 在(~하는 중이다) 없이도 '진행'을 의미합니다.

我吃饭呢。 Wǒ chī fàn ne. 나 밥 먹고 있거든.
我看电视呢。 Wǒ kàn diànshì ne. 저 TV 보거든요.
毛主任来自日本呢! Máo zhǔrèn láizì Rìběn ne! 모 주임은 일본에서 왔어요!

昨天 zuótiān 어제 | 看 kàn 보다 | 电视 diànshì 텔레비전 | 毛 Máo 모(성씨) |
主任 zhǔrèn 주임('부장'에 해당) | 日本 Rìběn 일본

뼈다귀 표현

◎ CD 2-03

3

A : Tā yòu qù nǎr le?
他又去哪儿了？

타　　여　취
나
우　　알　르(어)

해석

A: 쟤 또 어디 갔어?
B: 그는 외근(출장) 중이에 요.

새단어

又 yòu 또
正 zhèng ~하는 중이다
在 zài ~에서
外面 wàimiàn 바깥쪽

B : Tā zhèng zài wàimiàn gōngzuò.
他正在外面工作。

타　　쪄　짜　우아 미　꼬　옹　쭈
엉　이　이　엔　　　어

▶ '또'라는 의미의 又는 그 행위가 이미 일어났고, 어떤 일이 반복해서 발생함을 '강조'하는 느낌을 줍니다. 그러므로 문장 맨 끝에 사용되어 '그 동작 행위가 이미 일어난, 완료된 일'임을 나타내는 어기조사 了와 잘 어울립니다.

　又买了! Yòu mǎi le! 또 샀어!
　又来了! Yòu lái le! 또 왔네!
　又见面了! Yòu jiànmiàn le! 또 만났네!

▶ 在에는 '~에서, ~에 있다, ~하는 중이다'라는 의미가 있다는 걸 배웠습니다. 그럼 '~에서 ~하는 중이다'는 在在라고 할까요? NO! NO! 중국어는 의미가 중복되는 것을 싫어한답니다. 이 경우엔 '正(~하는 중이다) + 在(~에서)'로 표현해 주세요!

　我正在家吃饭。Wǒ zhèng zài jiā chī fàn. 나는 집에서 밥을 먹고 있는 중이다.
　我正在工厂工作。Wǒ zhèng zài gōngchǎng gōngzuò. 나는 공장에서 일하고 있다.
　我正在外面玩儿。Wǒ zhèng zài wàimiàn wánr. 난 밖에서 놀고 있다.

工厂 gōngchǎng 공장

4

CD 2-04

A : Nǐ xīngqītiān xiàwǔ zuò shénme?
你星期天下午做什么?

니 시 잉 치 티 엔 시 쭈 언
우 셔 므(어)
아 어

해석

A : 너 일요일 오후에 뭐 해?
B : 그때 전 아마 회의 중일
　　거예요.

B : Nà shíhòu wǒ kěnéng zài kāi huì.
那时候我可能在开会。

나 으 허 어 엉 짜 카 이 후에
스 우 크 느
우 우 어 이 이

새단어

星期 xīngqī 요일
星期天 xīngqītiān 일요일
下午 xiàwǔ 오후
那 nà 그, 저
时候 shíhòu 때, 시간
可能 kěnéng 아마도
可能在 kěnéng zài 아마도
　　　~하는 중일 것이다
开会 kāi huì 회의를 열다(하다)

▶ 일요일을 제외한 월요일~토요일은 모두 '요일'을 나타내는 星期 뒤에 '一 ~ 六'까지의 숫자를 붙여 나타냅니다. 또 중국어에서 하루 시간은 '상(上 shàng) 중(中 zhōng) 하(下 xià)'로 구분해요. 하루 해의 움직임을 그려 보면 이해가 쉽겠죠?

월요일	화요일	수요일	목요일	금요일	토요일	일요일
星期一	星期二	星期三	星期四	星期五	星期六	星期天 (星期日)
xīngqīyī	xīngqī'èr	xīngqīsān	xīngqīsì	xīngqīwǔ	xīngqīliù	xīngqītiān(xīngqīrì)

오전	정오	오후	어제	오늘	내일	모레
上午	中午	下午	昨天	今天	明天	后天
shàngwǔ	zhōngwǔ	xiàwǔ	zuótiān	jīntiān	míngtiān	hòutiān

星期二上午您在办公室吗? 화요일 오전에 사무실에 계세요?
Xīngqī'èr shàngwǔ nín zài bàngōngshì ma?

A : 你什么时候来? Nǐ shénme shíhou lái? 당신은 언제 오나요?
B : 我星期一、三、五来。 Wǒ xīngqīyī、sān、wǔ lái. 저는 월, 수, 금요일에 와요.

6과 외근 중이에요. **101**

01

CD 2-05

Wǒ zài chī fàn.

我在 吃饭 。 전 밥 먹는 중이에요.

fā huò
① 发货

qiàtán
② 洽谈

chūchāi
③ 出差

bào jià
④ 报价

发货 fāhuò 출하하다, 하물을 발송하다 | 洽谈 qiàtán 협의하다, 상담하다 |
出差 chūchāi 출장 가다(오다) | 报价 bàojià 오퍼를 내다(= 파는 쪽이 가격 제시를 하다, 입찰 가격)

02

Nà nǐ ne?

那 你 呢? 그럼 당신은요?

jiǎngjīn
① 奖金

gōngzī
② 工资

gōngzuò tiáojiàn
③ 工作条件

xiàolǜ
④ 效率

奖金 jiǎngjīn 보너스 | 工资 gōngzī 임금 | 工作条件 gōngzuò tiáojiàn 근무 조건 |
效率 xiàolǜ (작업 · 기계 등의) 능률이나 효율

03

Yòu lái le.

又 来 了。 또 왔어요. / 또 오게 됐어요.

chídào
① 迟到

wàng
② 忘

shīmián
③ 失眠

cuòguò
④ 错过

迟到 chídào 늦다, 지각하다 ㅣ 忘 wàng 잊다 ㅣ 失眠 shīmián 잠을 못 이루다, 불면증에 시달리다 ㅣ
错过 cuòguò (시기나 대상을) 놓치다, 엇갈리다

04

Jīntiān xīngqīyī.

今天　星期 一 。 오늘은 월요일이에요.

Zuótiān / tiān
① 昨天 / 天

Míngtiān / èr
② 明天 / 二

Qiántiān / liù
③ 前天 / 六

Hòutiān / sān
④ 后天 / 三

前天 qiántiān 그제, 그저께

● CD 2-06

★ 병음을 보고 정확하게 읽어 봐요～

팩스기 앞에서 멍 때리는 이 대리가 모 주임에게 걸렸다.

Máo zhǔrèn	**Nǐ zài fā shénme dāi?**
	니 짜이 파 션머 따이

Xiǎo Lǐ	**Wǒ méi yǒu!**
	워 메이 여우!

Máo zhǔrèn	**Nà nǐ zài zuò shénme?**
	나 니 짜이 쭈어 션머

(넘쳐서 바닥에 떨어진 팩스 문서들을 정리하며)

Xiǎo Lǐ	**Jiē chuánzhēn ne!**
	지에 츄안쩐 너

(동료의 빈 자리를 가리키며)

Máo zhǔrèn	**Tā yòu qù nǎr le?**
	타 여우 취 날 러

Xiǎo Lǐ	**Tā zhèng zài wàimiàn gōngzuò.**
	타 쩡 짜이 와이미엔 꽁쭈어

(주말에 일 시키려고 이 대리 눈치를 살피면서)

Máo zhǔrèn	**Nǐ xīngqītiān xiàwǔ zuò shénme?**
	니 싱치티엔 시아우 쭈어 션머

Xiǎo Lǐ	**Nà shíhòu wǒ kěnéng zài kāi huì.**
	나 스허우 워 커넝 짜이 카이 후에이

毛主任　你在发什么呆?

小李　我没有!

毛主任　那你在做什么?

小李　接传真呢!

毛主任　他又去哪儿了?

小李　他正在外面工作。

毛主任　你星期天下午做什么?

小李　那时候我可能在开会。

 중국인들은 대부분 점심 때 낮잠을 잔다면서요?

 그건 말이죠~!

예전엔 중국 대부분 회사의 점심 시간이 2시간이었어요. 그래서 점심 시간에 얼른 집으로 돌아가서 밥을 먹고 남은 시간은 '낮잠(午睡 wǔshuì)'을 잤습니다. 이렇게 휴식한 후 오후에 다시 출근하는 패턴 때문에 '오전 출근 시간(上午上班时间)', '오후 출근 시간(下午上班时间)'이라는 것이 있었지만, 지금은 거의 1시간으로 줄어들었어요. 그래서인지 패스트푸드점에서 식사를 하고 탁자에 엎드려 쪽잠을 청하는 사람들을 종종 볼 수 있습니다. 어쩌면 이런 낮잠 습관이 KFC, 맥도널드의 중국 진출 대성공에 큰 역할을 한 게 아닐까요? 어찌 됐던 낮잠이 오랜 습관인 중국에서는 사전에 약속도 없이 누군가를 점심시간에 불쑥 찾아가는 것은 굉장히 예의에 어긋나는 일이라 할 수 있답니다~

1 요일을 묻는 표현

나이, 날짜를 묻는 표현처럼 '요일'을 묻는 표현 역시 '명사 술어문'이죠? 几를 써서 물어볼 수 있습니다. 이때 是를 써서 강조할 수도 있다고 앞에서 배웠어요~

예 A : 오늘 무슨 요일이에요?　　　　B : 오늘은 금요일이에요.
　　 今天星期几?　　　　　　　　　 今天星期五。

　　 A : 오늘이 토요일인가요?　　　　B : 오늘은 토요일이 아니라, 일요일이에요.
　　 今天星期六吗?　　　　　　　　 今天不是星期六，是星期天。

　　 A : 생일이 언제인가요?　　　　　B : 제 생일은 목요일이에요.
　　 你的生日星期几?　　　　　　　 我的生日是星期四。

2 말의 어감을 나타내는 어기조사

문장 끝에 사용되어 문장 전체의 어감, 기분을 결정하는 대표적인 어기조사를 알아 봅시다.

① 吗　~합니까? ('의문'의 어감을 결정)

② 呢　~하는걸! ('사실 확인'의 어감을 결정)

③ 了　~했다, ~하게 되었다 (완료, 변화, 강조)

④ 吧　~하자, ~해라 (청유, 제안, 가벼운 명령)

> 그 밖의 의미는
> 2과 참고!

3 在의 다양한 용법

1) 동사 在 : ~에 있다 ('장소'를 나타내는 명사가 목적어)

예 나는 사무실에 있다.　　　　　　　我在办公室。

2) 전치사 在 : ~에서 ('장소명사' 뒤에 또 다른 동작이 등장할 때)

예 나는 사무실에서 일한다.　　　　　我在办公室工作。
　　 나는 사무실에서 일하고 있는 중이다.　我正在办公室工作。

3) 부사 在 : ~하는 중이다 (동작행위를 나타내는 단어 앞에 등장할 때)

예 나는 일하고 있는 중이다.　　　　　我在工作。

4 시제 나타내기

중국어에는 시제표현이 따로 없다고 했죠? 그럼 '과거에 ~했다', '현재 ~하는 중이다', '미래 어느 시점에 ~하려고 한다' 등은 어떻게 표현하는지 알아 봅시다.

1) 일이 일어난 시간적인 배경을 나타내는 시간사를 씁니다.

① 과거를 나타내는 시간사가 있으면 在가 있는 동작을 '과거'로 해석

> 📖 아까 당신이 전화했을 때, 그는 보고서를 쓰고 있었어요.
> 刚才你打电话的时候，他在写报告。

② 현재를 나타내는 시간사가 있으면 在가 있는 동작을 '현재'로 해석

> 📖 지금 그는 팩스를 보내고 있어요.　　　　现在他在发传真。

③ 미래를 나타내는 시간사가 있으면 在가 있는 동작을 '미래'로 해석

> 📖 내일 오전에, 전 아마 회의 중일 거예요.　　明天上午，我可能在开会。

2) 시간사만으로 '과거 / 현재 / 미래'를 구분하기 힘들 땐, 전체적인 문장의 기분을 결정하는 어기조사를 씁니다.

① '완료되었음'을 의미하는 了

> 📖 일요일엔 내가 요리를 했어.　　　　　　星期天我做菜了。

② '사실 확인'을 의미하는 呢

> 📖 일요일엔 내가 요리를 하는걸.　　　　　星期天我做菜呢。

③ '청유 · 제안'을 의미하는 吧

> 📖 일요일에 내가 요리할게.　　　　　　　星期天我做菜吧。

生日 shēngrì 생일 | 刚才 gāngcái 아까 | 报告 bàogào 보고서, 보고하다 | 发 fā 보내다 | 菜 cài 요리, 음식

1 그림과 어울리는 문장을 골라 연결해 보세요.

·   · 我在打电话呢！

·   · 我最近在学汉语。

·   · 我没在玩儿，在会见客户。

                                      huìjiàn 만나다, 접견하다

2 녹음을 듣고 적절한 대답에 체크하세요. **CD 2-07**

· 今天四月十四号。 ☐

· 今天星期四！ ☐

3 다음 빈칸에 들어갈 알맞은 단어를 보기에서 고르세요.

[보기]　　a 了　　　b 呢　　　c 吗　　　d 吧

① 당신은 중국 공장에 가세요?　　　　　　你去中国工厂_____?

② 그가 중국 공장에 갔어요.　　　　　　　他去中国工厂_____。

③ 우리 중국 공장에 가요.　　　　　　　　我们去中国工厂_____。

④ 전 중국에 있는걸요.　　　　　　　　　我在中国_____。

4 제시 문장을 참고로 빈칸에 들어갈 글자를 써 넣으세요.

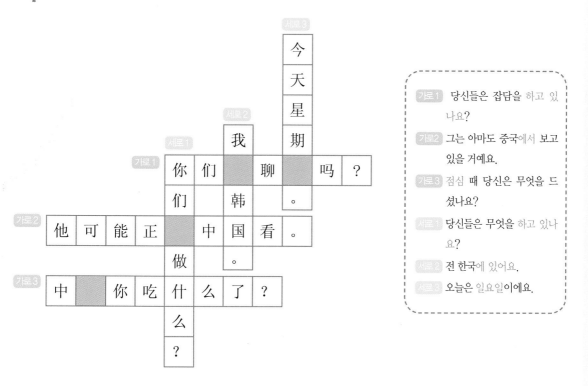

					세로3		
					今		
					天		
				세로2	星		
		세로1	我		期		
가로1	你	们		聊		吗	?
	们		韩		。		
가로2 他	可	能	正	中	国	看	。
		做		。			
가로3 中		你	吃	什	么	了	?
		么					
		?					

가로1 당신들은 잡담을 하고 있나요?

가로2 그는 아마도 중국에서 보고 있을 거예요.

가로3 점심 때 당신은 무엇을 드셨나요?

세로1 당신들은 무엇을 하고 있나요?

세로2 전 한국에 있어요.

세로3 오늘은 일요일이에요.

Part

07

곧 3시예요.

멍 때리다 모 주임한테 걸려서 결국 황금 주말에 일을 맡게 된 이다린. 중국인 동료와 함께 바이어를 마중하러 공항에 나가게 되었습니다. 그런데 시간이 지나도 손님들은 좀처럼 입국장으로 나오질 않네요~

★ 표현 포인트
1. 곧 3시가 되다
2. 지금 몇 시예요? (시간 표현 点 / 分 / 刻 / 半)
3. 어떻게 된 일이에요? (의문사 怎么)
4. 제가 가서 좀 물어볼게요

★ 문법 포인트
1. 2를 나타내는 二과 两
2. '변화'를 나타내는 어기조사 了
3. '조금'을 의미하는 一点

뼈다귀 표현

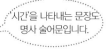

CD 2-08

1

A : Xiànzài jǐ diǎn?
現在几点?

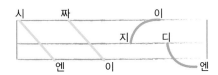

시간'을 나타내는 문장도
명사 술어문입니다.

해석

A: 지금 몇 시예요?

B: 2시 15분인데, 어째서
아직 안 나오는 거지!

새단어

現在 xiànzài 현재, 지금, 이제

点 diǎn 시

两 liǎng 2, 둘

一刻 yíkè 15분

还 hái 아직

出来 chūlai 나오다

B : Liǎng diǎn yíkè, zěnme hái bù chūlai!
两点一刻, 怎么还不出来!

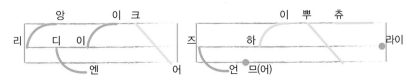

▶ '시'를 나타낼 때는 点을 쓰고 '분'을 나타낼 때는 分을 씁니다. '15분'은 十五分으로
나타내지만, '한 시간의 4분의 1'개념인 一刻 yíkè를 자주 사용합니다. 또한 '두 시(2点)'
는 반드시 两 liǎng으로 발음해야 한다는 걸 기억해 두세요.

現在十二点三十分。Xiànzài shí'èr diǎn sānshí fēn. 지금은 12시 30분입니다.

現在六点半。Xiànzài liù diǎn bàn. 지금은 6시 반입니다.

我们六点半在大厅见。 우리 6시 반에 로비에서 만나요.
Wǒmen liù diǎn bàn zài dàtīng jiàn.

現在两点三刻，我六点下班。 지금은 2시 45분이네요, 전 6시에 퇴근해요.
Xiànzài liǎng diǎn sānkè, wǒ liù diǎn xià bān.

十二 shí'èr 12 | 三十 sānshí 30 | 分 fēn 분 | 半 bàn 30분, 반 | 大厅 dàtīng 로비 |
三刻 sānkè 45분 | 下班 xià bān 퇴근하다

2

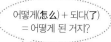

어떻게(**怎么**) + 되다(**了**)
= 어떻게 된 거지?

A : Zěnme le? Kuài sān diǎn le!
　　怎么了?　快三点了!

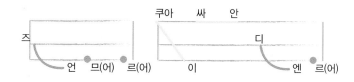

B : Jiù shì! Shì bu shì fēijī wǎn diǎn le?
　　就是!　是不是飞机晚点了?

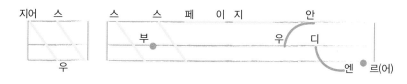

▶ 어떠한 일이나 상황이 곧 '출현·발생하게 됨'을 나타낼 때는, '快(곧)…了(~이 되다)'
형식을 사용할 수 있습니다.

快九月了。Kuài jiǔ yuè le. 곧 9월이에요.

我快结婚了。Wǒ kuài jiéhūn le. 저 곧 결혼해요.

快下班了。Kuài xià bān le. 곧 퇴근합니다.

快去中国了。Kuài qù Zhōngguó le. 곧 중국 가요.

▶ 어떤 일이나 상황이 '사실임을 확인'할 때는 확인하고자 하는 사실 앞에 是不是를 씁니다.

是不是还没到达? Shì bu shì háiméi dàodá? 아직 도착하지 않은 건가?

他是不是总经理? Tā shì bu shì zǒngjīnglǐ? 그가 사장님인가요?

结婚 jiéhūn 결혼하다 | 到达 dàodá 도착하다 | 总经理 zǒngjīnglǐ 사장, 최고 경영자

CD 2-10

3

A : Nǐ zài zhèr děng, wǒ qù dǎtīng dǎtīng.
你在这儿等， 我去打听打听。

> 같은 동사를 두 번 쓰면, 가볍고 부드러운 어감을 나타내요.

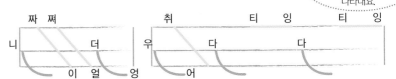

짜 쩌　　　취　　티 잉　　티 잉
니　　더　우　　다　　다
이 얼 엉　　어

B : Kuài diǎnr!
Wǒ wǎnshang hái yǒu ge yuēhuì!
快点儿！ 我晚上还有个约会！

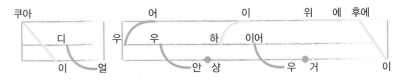

쿠아　　어　　이　　위 에 후에
디　우 우 하 이어
이 얼　안 샹　우 거　이

새단어

等 děng 기다리다
打听 dǎtīng 알아보다, 탐문하다
快 kuài (속도가) 빠르다
(一)点儿 (yì)diǎnr 좀 더
还 hái 또
约会 yuēhuì 약속

▶ 두 가지 이상의 행위가 연속해서 일어날 경우, 행위가 발생하는 순서에 따라 동사를 나열해서 나타냅니다.

我有事儿告诉你。 Wǒ yǒu shìr gàosu nǐ. 당신에게 알려줄 일이 있어요.

我要回家休息休息。 Wǒ yào huí jiā xiūxi xiūxi. 집에 가서 좀 쉬려고 해요.

你去报告吧。 Nǐ qù bàogào ba. 당신이 가서 보고하세요.

▶ 동사와 목적어 사이에 해당 '양사'를 넣으면 문장에 현실감을 더하고 부드러운 어감을 나타냅니다. 이때 양사 앞에는 一를 넣을 수도 있습니다.

我们喝(一)杯酒。 Wǒmen hē (yì) bēi jiǔ. 우리 술 한잔해요.

请我吃(一)顿饭。 Qǐng wǒ chī (yí) dùn fàn. 밥 한 끼 사 주세요.

事儿 shìr 일, 사건 | 告诉 gàosu ~에게 ~을 알리다 | 要 yào ~하려고 하다 | 回家 huí jiā 귀가하다 | 休息 xiūxi 쉬다, 휴식하다 | 杯 bēi 잔, 컵 | 顿 dùn 끼(식사 등을 세는 단위)

4

A : Kuài yào fēng le!
Bú shì zhèr, shì sān hào hángzhànlóu.

快要疯了！不是这儿，是三号航站楼。

B : Zěnme bàn! Dōu jǐ diǎn le!

怎么办！ 都几点了！

해석

A : 미치겠네! 여기가 아니
라, 3번 터미널이에요.

B : 어떡해! 벌써 몇 시야!

새단어

疯 fēng 미치다
号 hào 번호
航站 hángzhàn 공항 터미널
楼 lóu 건물, 층
怎么办 zěnme bàn 어찌하
냐, 어떡해?
都 dōu 이미, 벌써

▶ 都는 了와 함께 쓰여, '이미, 벌써 ~가 되다'라는 의미로 이미 '변화'가 일어났음을
나타냅니다.

我都四十多岁了。 Wǒ dōu sìshí duō suì le. 전 벌써 마흔 살이 넘었어요.

都冬天了。 Dōu dōngtiān le. 벌써 겨울이다.

─────────────────────────────────────

四十 sìshí 40, 마흔 | 多 duō ~ 남짓 | 冬天 dōngtiān 겨울

CD 2-12

01

Jǐ diǎn shàng bān?

几点 上班？ 몇 시에 출근해요?

chūfā
① 出发

qǐfēi
② 起飞

dàodá
③ 到达

kāishǐ
④ 开始

上班 shàng bān 출근하다 | 出发 chūfā 출발하다 | 起飞 qǐfēi 이륙하다 | 开始 kāishǐ 시작하다

02

Kuài sān diǎn le.

快 三点 了。 곧 3시가 돼요.

jiéshù
① 结束

fàngjià
② 放假

diào zhí
③ 调职

cízhí
④ 辞职

结束 jiéshù 끝나다 | 放假 fàngjià (학교나 직장이) 쉬다 | 调职 diàozhí 이직하다 |
辞职 cízhí 사직하다, 그만두다

03

Wǒ qù dǎtīng dǎtīng.

我去 打听打听 。 제가 가서 물어볼게요.

jiēdài kèrén
① 接待客人

huìbào
② 汇报

shuì jiào
③ 睡觉

sòng wàibīn
④ 送外宾

接待 jiēdài 접대하다 | 客人 kèrén 손님 | 汇报 huìbào (상황 등을 종합하여) 상급자에게 보고하다 |
睡觉 shuìjiào 잠을 자다 | 送 sòng 배웅하다 | 外宾 wàibīn 외빈, 외국 손님

04

Dōu dōngtiān le!

都 冬天 了! 벌써 겨울이에요!

jǐ cì
① 几次

zuòwan
② 做完

yuēhao
③ 约好

juédìng
④ 决定

次 cì 번, 횟수 | 完 wán 다 완성하다, 끝내다 | 约好 yuēhao ~하기로 약속하다 |
决定 juédìng 결정하다

★ 병음을 보고 정확하게 읽어 봐요~

이 대리와 중국인 동료가 공항에서 손님들을 기다리고 있다.

Xiǎo Lǐ　　**Xiànzài jǐ diǎn?**
씨엔짜이　지　디엔

tóngshì　　**Liǎng diǎn yíkè, zěnme hái bù chūlai!**
량　디엔　이크어　전머　하이　뿌　츄라이

(30분 후)

Xiǎo Lǐ　　**Zěnme le? Kuài sān diǎn le!**
전머　러　쿠아이　싼　디엔　러

tóngshì　　**Jiù shì! Shì bu shì fēijī wǎn diǎn le?**
지어우　스　스　부　스　페이지　우안　디엔　러

Xiǎo Lǐ　　**Nǐ zài zhèr děng, wǒ qù dǎtīng dǎtīng.**
니　짜이　쩔　덩　워　취　다팅　다팅

tóngshì　　**Kuài diǎnr! Wǒ wǎnshang hái yǒu ge yuēhuì.**
쿠아이　디얼　워　완샹　하이　여우　거　위에후에이

(안내처에서 확인한 후)

Xiǎo Lǐ　　**Kuài yào fēng le!**
쿠아이　야오　펑　러

Bú shì zhèr, shì sān hào hángzhànlóu.
부　스　쩔　스　싼　하오　항짠러우

tóngshì　　**Zěnme bàn! Dōu jǐ diǎn le!**
전머　반　떠우　지　디엔　러

★ 한자만 보고 정확하게 읽어 봐요~

小李	现在几点？
同事	两点一刻，怎么还不出来！

小李	怎么了？快三点了！
同事	就是！是不是飞机晚点了？
小李	你在这儿等，我去打听打听。
同事	快点儿！我晚上还有个约会！

小李	快要疯了！不是这儿，是三号航站楼。
同事	怎么办！都几点了！

 중국 기차역이나 공항 등지에 开水器라고 적힌 건 무슨 기계죠?

 그건 말이죠~!

바로 '뜨거운 물'이 나오는 기계입니다. 중국인들의 '차 문화'를 잘 보여 주는 부분이라 할 수 있지요. 중국 여행이나 주재원 경험이 있으신 분들은 실제로 중국인들의 삶 속에 '음차 및 차 문화'가 얼마나 깊숙이 뿌리 박혀 있는지 느끼셨을 거예요. 집을 떠나 이동하면서도 차를 마실 수 있도록 그들의 손과 가방에는 늘 '보온 / 보냉병'이 준비돼 있지요. 그런데 이것만으론 안 되겠죠? 차를 마시려면 차와 컵 말고도 '뜨거운 물 (开水 kāishuǐ)'이 또 필요하잖아요. 이를 해결해 주기 위해서 식당, 우체국, 병원, 기차역, 심지어 공항 안에도 틀면 뜨거운 물이 바로 나오는 开水器가 있는 거예요~ 물론, 이 기계는 너무 너무 편해요~ 언제 어디서든 '컵라면과 일회용 커피'를 이용할 수 있으니까요~^^

1 2를 나타내는 二과 两

二과 两은 둘 다 '2'를 나타내지만 쓰임이 조금 다릅니다. 먼저 '1, 2, 3…'과 같이 숫자를 그대로 읽거나 '첫 번째' '두 번째'처럼 '第(dì) + 숫자' 형식으로 쓰여 '~째'로 해석될 때는 二을 씁니다. 그리고 '두 개' '두 번' '2위엔'처럼 양사나 단위 앞에서는 两을 쓴다고 알아 두세요.

二		两	
두 번째 것	第二个	두 개	两个
두 번째 날(이튿날)	第二天	이틀	两天
두 번째 해(다음 해)	第二年	2년	两年
두 번째 사람	第二个人	두 사람	两个人
두 번째	第二次	두 번	两次

2 '변화'를 의미하는 어기조사 了

어떤 상황이 발생하게 되거나, 원래의 상태에서 다른 상태로 '변화'하게 됨을 나타내고자 할 땐, 문장 끝에 어기조사 了를 붙여 주면 됩니다.

예 빨개졌어요.   红了！
시간이 생겼어요!   有时间了！
지금 몇 시나 되었나요?   现在几点了？
전 이제 아빠가 되었어요.   我现在是爸爸了。

了는 앞에 要와 함께 쓰여 '要(~할 것이다)…了(~하게 되다)' 형식으로 '~하게 될 것이다'라는 뜻을 나타내기도 하는데, 이때 '상황의 긴박성'을 더하고 싶다면 要 앞에 快(곧)를 더해 주면 됩니다~

예 미치겠다!   快要疯了！

3 '조금'을 의미하는 一点儿

一点儿은 객관적인 수량의 '조금'을 의미하기 때문에 一点儿 자리에 구체적인 숫자를 써서 표현할 수도 있습니다.

① 동사 + 一点儿(조금의–관형어)

> 예 술을 조금 마시다 　　　喝(一)点儿酒
>
> 술을 한 잔 마시다 　　　喝一杯酒

② 형용사 + 一点儿(좀 더–보어)

> 예 (객관적으로 비교해서) 좀 더 많다 　多(一)点儿
>
> (객관적으로 비교해서) 좀 더 적다 　少(一)点儿

一点儿과 비슷한 의미로 '有点儿(yǒudiǎnr)'이라는 것도 있어요. 有点儿은 '주관적' 성격이 강한데 '그 상태나 정도가 크지 않고 미미함'을 의미합니다. 간단히 비교해 봐요.

	조금	
一点儿		**有点儿**
동사, 형용사 뒤에서 객관성을 띤다		동사, 형용사 앞에서 주관성을 띤다

> 예 (들어 있는 술이) 많아요, 전 적은 걸 원해요, 당신이 마시세요.
>
> 　　　多, 　　我要少的, 　　　你喝。

▶ 有点儿, 一点儿을 넣어 봅시다.

(내 기준에서)조금 많네요, 전 (그것보다) 좀 적은 걸 원해요, 당신이 (이 술) 좀 마시세요.

有点儿多, 　　我要少一点儿的, 　　　　你喝(一)点儿。

第 dì 제, ~ 번째 | 红 hóng 빨갛다 | 时间 shíjiān 시간 | 喝 hē 마시다 | 酒 jiǔ 술 | 少 shǎo 적다

1 그림과 어울리는 문장을 골라 연결해 보세요.

　　　　●　　　　　　　　●　现在九点。

　　　　●　　　　　　　　●　快十二点了。

　　　　●　　　　　　　　●　我快要下班了！

2 녹음을 듣고 적절한 대답에 체크하세요. **CD 2-14**

●　现在两点三刻。　　☐

●　现在二点四十五分。　　☐

3 다음 빈칸에 들어갈 알맞은 단어를 보기에서 고르세요.

> [보기]　　　　a 一点儿　　　　　b 有点儿

① 저 일하는 중이에요, 좀 힘들어요.　　　　我在工作, ＿＿＿＿＿累。

② 차 좀 마셔요.　　　　　　　　　　　　你喝＿＿＿＿＿茶吧。
　　　　　　　　　　　　　　　　　　　　　　　　　　chá 차

③ 좀 천천히요!　　　　　　　　　　　　慢 ＿＿＿＿＿ !
　　　　　　　　　　　　　　　　　　màn 느리다

④ 이게 좀 더 커요.　　　　　　　　　　这个大＿＿＿＿＿。

4 제시 문장을 참고로 빈칸에 들어갈 글자를 써 넣으세요.

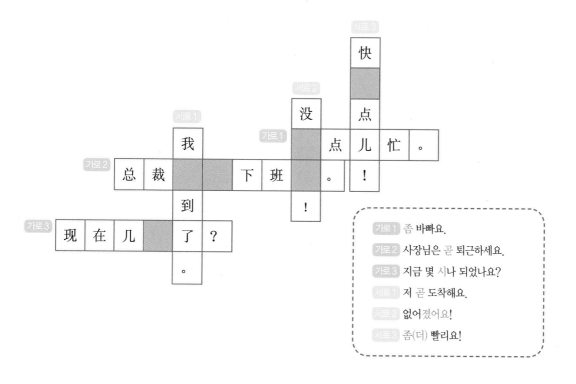

세로3
| 快 |

세로2
| 没 | 点 |

세로1 가로1
| 我 | | 点 | 儿 | 忙 | 。 |

가로2
| 总 | 裁 | | 下 | 班 | 。 | ! |
| | 到 | | | ! |

가로3
| 现 | 在 | 几 | 了 | ? |
| | | | 。 |

> 가로1 좀 바빠요.
> 가로2 사장님은 곧 퇴근하세요.
> 가로3 지금 몇 시나 되었나요?
> 세로1 저 곧 도착해요.
> 세로2 없어졌어요!
> 세로3 좀(더) 빨리요!

Part 08

차가
너무 막혀요.

이 다리는 오늘 신제품 출시와 관련하여 중국 고객
과 약속이 있는데 차가 너무 막혀 고객을 늦게까지
기다리게 했네요. 이럴 땐 어떤 얘기를 나눌까요?

★ 표현 포인트
1. 차가 심하게 막혀요 (정도 표현)
2. 출퇴근 러쉬아워만 되면, 그러하다 (조건에 따른 결과)
3. 먼저 숨이나 돌리시고, 얘기하세요 (선후 관계)

★ 문법 포인트
1. 구조조사 得
2. 一 A 就 B

뼈다귀 표현

◎ CD 2-15

1

A : **Zhēn bàoqiàn! Wǒ lái de tài wǎn le.**
真抱歉! 我来得太晚了。

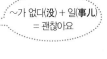

'미안해요'는
对不起 duìbuqǐ라고도
표현할 수 있어요

쩌 언 빠 치

오 엔

우 라 드(어) 우
어 이 안 르(어)

해석

A : 정말 죄송합니다! 제가
너무 늦게 왔네요.

B : 괜찮아요! 길이 막히죠?

새단어

真 zhēn 진짜, 참으로
抱歉 bàoqiàn 죄송합니다
A 得 B A de B A하는 게 B할
　　정도다
太…(了) tài…(le) 너무 ~하다
没事儿 méi shìr 괜찮다
路上 lùshang 길, 도중에
堵 dǔ (가로)막다
车 chē 자동차
吧 ba ~지?(확신·추측)

B : **Méi shìr! Lùshang dǔ chē ba?**
没事儿! 路上堵车吧?

~가 없다(没) + 일(事儿)
= 괜찮아요

이 셔 루 츠 어

메
얼 우 상 두 바

▶ '술어(A)'의 '구체적인 정도·수준·결과(B)' 등을 나타낼 땐, 'A + 得 + B' 형식으로
표현해 주세요. 'A하는 게(정도가) B다' 혹은 'A해서 B할 정도다'로 해석하면 아주
간단하답니다!

每天睡得很晚。 **Měitiān shuì de hěn wǎn.** 매일 늦게 자요.
今天吃得又好又饱。 **Jīntiān chī de yòu hǎo yòu bǎo.** 오늘 배불리 잘 먹었다.
说得很好。 **Shuō de hěn hǎo.** 말을 잘한다. (말솜씨가 좋다)

▶ 거의 그러하다는 것을 확신하고 물어볼 때는 문장 맨 끝에 吧를 사용해서 '~이지?'라는
의미를 나타냅니다.

昨天睡得晚吧? **Zuótiān shuì de wǎn ba?** 어제 늦게 잤죠?
你今天来得早吧? **Nǐ jīntiān lái de zǎo ba?** 오늘 일찍 오셨죠?

每天 měitiān 매일 | 睡 shuì 자다 | 晚 wǎn 늦다 | 又 A 又 B yòu A yòu B A하고 또 B하다 |
饱 bǎo 배부르다 | 早 zǎo (때가) 이르다

2

A : **Dǔ de lìhai! Wǒ zài chēshang jí de yàomìng!**
　　堵得厉害！我在车上急得要命！

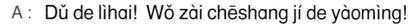

해석

A : 차가 너무 막혀요! 차 안
　　에서 애타서 죽을 지경이
　　었다니까요!

B : 출퇴근 러시아워만 되면
　　그래요.

새단어

厉害 lìhai 극심하다, 심각하다
急 jí 조급하다, 애타다
要命 yàomìng 죽을 지경이다
一 yī 일단 ~하기만 하면
到 dào 이르다, ~ 때가 되다
高峰 gāofēng 정점, 최고점
就 jiù ~하면 곧, ~하자 곧
这样 zhèyàng 그러하다,
이러하다

B : **Yí dào shàng xià bān gāofēng jiù zhèyàng.**
　　一到上下班高峰就这样。

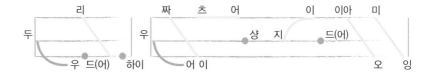

▶ '죽을 지경으로(정도로) ~함'을 나타낼 땐, 술어 뒤에 得要命을 붙여 표현합니다.

　　饿得要命。 È de yàomìng. 배고파 죽을 지경이에요.
　　累得要命！ Lèi de yàomìng! 힘들어 죽을 지경이에요!

▶ 'A하면, (자연스럽게) B하다', 즉 A라는 '조건'이 일단 이루어지면, 자연스럽게 B라는
　　'결과'가 뒤따라옴을 나타낼 때는 '一 A 就 B' 형식으로 표현할 수 있습니다.

　　不堵车就7点多，一堵车就8点多了。
　　Bù dǔ chē jiù qī diǎn duō, yì dǔ chē jiù bā diǎn duō le.
　　안 막히면, 7시 남짓이고, 막혔다 하면, 8시 넘어요. (8시가 넘게 된다)

饿 è 배고프다

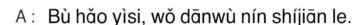
◎ CD 2-17

3

A : **Bù hǎo yìsi, wǒ dānwù nín shíjiān le.**
不好意思，我耽误您时间了。

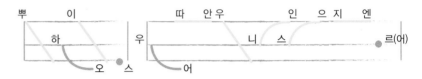

해석

A : 미안해요, 제가 시간을
뺏었네요.
B : 너무 깍듯이 하지 마세요.

B : **Bú yào tài kèqi.**
不要太客气。

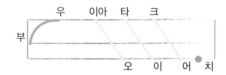

새단어

不好意思 bù hǎo yìsi 부끄
럽다, 미안하다
耽误 dānwù (시간을 지체하
다가) 일을 그르치다
时间 shíjiān 시간
不要 bú yào ~하지 마라
客气 kèqi 예의 차리다, 사양하
다

▶ 耽误는 '시간을 지체하거나, 이로 인해 일을 그르침, 또는 지장을 주는 것'을 의미하는
단어입니다. '耽误 + 어떤 일'의 형식으로 활용하세요.

耽误睡觉。**Dānwù shuì jiào.** 수면에 지장을 주다.

耽误不了。**Dānwù buliǎo.** 시간이 지체될 리가 없어요.

▶ 어떤 행위나 일을 '금지'할 땐, 그 앞에 不要를 붙여 줍니다. 같은 의미로 别 bié를 써도
됩니다.

不要耽误他工作。**Bú yào dānwù tā gōngzuò.** 그가 일하는 것에 지장을 주지 마세요.

不要加班太晚。**Bú yào jiā bān tài wǎn.** 잔업 너무 늦게까지 하지 마세요.

不要太随便。**Bú yào tài suíbiàn.** 너무 마음대로 하지 마세요.

不要在这儿抽烟。**Bú yào zài zhèr chōu yān.** 여기에서 담배 피우지 마세요.

▶ 미안함을 나타낼 때는 정도에 따라 抱歉 ≥ 对不起 duìbuqǐ ≥ 不好意思 순으로
표현합니다. 不好意思는 어떤 상황이 난처하고, 민망할 때도 사용할 수 있답니다.

不了 bùliǎo ~할 수(가) 없다, 그렇게 될 수 없다 | **加班** jiā bān 초과 근무를 하다, 잔업하다 | **随便**
suíbiàn 편한 대로 하다, 마음대로 하다 | **抽** chōu (밖으로) 빼다, 담배를 피우다 | **烟** yān 담배

4

A : Zhè shì běn gōngsī de chǎnpǐn mùlù hé……
　 这是本公司的产品目录和……

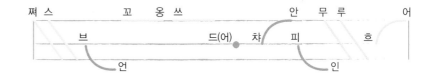

B : Nǐ kěyǐ xiān chuǎn kǒuqì zài shuō.
　 你可以先喘口气再说。　可以 + 허락하는 행위

해석

A : 이건 저희 회사 상품 카
탈로그하고…

B : 먼저 숨이나 돌리시고,
얘기하세요.

새단어

本 běn 자기 쪽의
产品 chǎnpǐn 상품
目录 mùlù 목록
和 hé ~와, ~과
可以 kěyǐ ~해도 된다
先 xiān 먼저
喘 chuǎn (숨을) 돌리다
口气 kǒuqì 한숨, 입김
再 zài ~한 다음에

▶ 상대에게 '자기 쪽'을 표현할 때는 本을 써서 나타내고, 반대로 '상대 쪽'을 나타낼 때는 贵를 써서 나타냅니다.

本公司想和贵公司合作。 본사는 귀사와 협력하고 싶습니다.
Běn gōngsī xiǎng hé guì gōngsī hézuò.

这是你本人吗? Zhè shì nǐ běnrén ma? 이건 당신 본인입니까?

贵公司的样品和价目表已经收到了。 귀사의 샘플과 가격표는 이미 받았습니다.
Guì gōngsī de yàngpǐn hé jiàmùbiǎo yǐjing shōudao le.

▶ 두 행위의 선후 관계를 말할 때는, '先 A 再 B' 형식으로 나타내요.

你先看再寄给我。 Nǐ xiān kàn zài jìgei wǒ. 먼저 보시고, 제게 보내 주세요.

先开会再说! Xiān kāi huì zài shuō! 먼저 회의를 하고 나서, 얘기해요!

贵 guì 상대 쪽의 | 样品 yàngpǐn 샘플 | 价目表 jiàmùbiǎo 가격표 | 已经 yǐjing 이미, 벌써 |
收到 shōudao 받다, 수령하다 | 寄给 jìgei (편지·소포 등을) ~에게 보내다, 부치다

CD 2-19

01

Shuō de hěn hǎo.

说得 很好。 말을 잘해요.

búcuò
① 不错

háikěyǐ
② 还可以

kuài
③ 快

màn
④ 慢

不错 búcuò 나쁘지 않다, 괜찮다 | 还可以 háikěyǐ 그럭저럭 괜찮다 | 慢 màn (속도가) 느리다

02

Tā yí shàng bān jiù chǎo gǔ.

他一上班就 炒股。 그는 출근하자마자 주식을 해요.

kàn bào
① 看报

máng de yàomìng
② 忙得要命

shàng wǎng
③ 上网

dǎkāi yóuxiāng
④ 打开邮箱

炒股 chǎo gǔ 주식하다 | 报 bào 신문 | 上网 shàng wǎng 인터넷 하다 |
打开 dǎkāi ~을 열다 | 邮箱 yóuxiāng 메일함, 우편함

Bú yào tài kèqi.

不要 太客气 。 너무 깍듯하게 하지 마세요.

zháojí
① 着急

yánchí
② 延迟

dǎ dǔnr
③ 打盹儿

wàngjì
④ 忘记

着急 zháojí 조급해하다 ∣ 延迟 yánchí 뒤로 미루다, 지연시키다 ∣ 打盹儿 dǎ dǔnr 졸다 ∣
忘记 wàngjì (마땅히 해야 할 것을) 잊다

Xiān kāi huì zài shuō ba!

先开会再 说 吧! 먼저 회의를 하고 나서, 얘기해요!

bàn
① 办

dǎ diànhuà
② 打电话

huífù
③ 回复

lái
④ 来

办 bàn (일 · 수속 등을) 처리하다, 밟다 ∣ 打电话 dǎ diànhuà 전화를 걸다 ∣ 回复 huífù 회신하다 ∣
来 lái 오다, 하다(다른 동사를 대신하는 동사)

CD 2-20

★ 병음을 보고 정확하게 읽어 봐요~

이 대리가 고객과 약속한 시간에 늦어 급하게 들어온다.

Xiǎo Lǐ Zhēn bàoqiàn! Wǒ lái de tài wǎn le.
쩐 빠오치엔 워 라이 더 타이 완 러

kèhù Méi shìr! Lùshang dǔ chē ba?
메이 셜 루샹 두 처 바

Xiǎo Lǐ Dǔ de lìhai! Wǒ zài chēshang jí de yàomìng!
두 더 리하이 워 짜이 처샹 지 더 야오밍

kèhù Yí dào shàng xià bān gāofēng jiù zhèyàng.
이 따오 샹 시아 빤 까오펑 지어우 쩌양

Xiǎo Lǐ Bù hǎo yìsi, wǒ dānwù nín shíjiān le.
뿌 하오 이스 워 딴우 닌 스지엔 러

kèhù Bú yào tài kèqi.
부 야오 타이 커치

Xiǎo Lǐ Zhè shì běn gōngsī de chǎnpǐn mùlù hé……．
쩌 스 번 꼬옹쓰 더 챤핀 무루 허

kèhù Nǐ kěyǐ xiān chuǎn kǒuqì zài shuō.
니 커이 시엔 츄안 커우치 짜이 슈어

★ 한자만 보고 정확하게 읽어 봐요~

小李	真抱歉！我来得太晚了。
客户	没事儿！路上堵车吧？
小李	堵得厉害！我在车上急得要命！
客户	一到上下班高峰就这样。
小李	不好意思，我耽误您时间了。
客户	不要太客气。
小李	这是本公司的产品目录和……
客户	你可以先喘口气再说。

 중국에는 한국에 없는 독특한 교통수단이 있다던데요?

 그건 말이죠~!

베이징의 옛 모습과 서민 생활을 엿볼 수 있는 필수 관광 코스로 '골목길 관광'이 있습니다. 이때 가장 좋은 교통수단이 바로 인력거와 같은 '삼륜차(三轮车 sānlúnchē 싼룬처)'입니다. 이 삼륜차를 타고 좁은 골목 구석구석을 관광하는 '삼륜차 골목길 관광(三轮车胡同游 싼룬처 후통 여우)'은 아주 큰 인기를 끌고 있지요. 또 일명 '빵차(面包车 miànbāochē 미엔빠오처)'라고 하는 봉고차가 있습니다. 옮길 짐이 많거나 관광객 수가 많은 경우 차를 전세 내서 사용할 때 애용됩니다. 때문에 수용 공간을 넓히기 위해 뒤편 의자를 없앤 경우가 많아요. 이런 교통수단을 이용할 땐 보통 '타다'라는 동사 坐 zuò(쭈어)를 써서 '워 쭈어 미엔 빠오처!(저는 빵차를 타요!)'라고 말합니다.

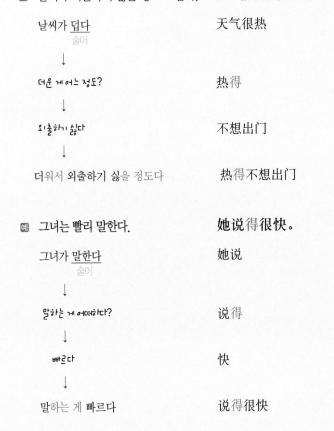

직딩 문법

1 구조조사

앞뒤 문장 성분의 관계를 나타내는 조사를 구조조사라고 하며, '술어 + 得 + 정도나 수준 등을 구체적으로 보충하는 성분'의 형식으로 쓰입니다.

1) 구조조사 得

구조조사 得는 得 뒤에 오는 성분이 앞의 술어를 보충해 주는 정도보어임을 나타냅니다. 어떤 상황이나 행위가 있는지 설명하고, 그 상태의 정도나 실력·수준의 정도, 동작의 결과 등이 어떠한지 좀 더 구체적으로 보충하고자 할 때 아래의 형식으로 사용합니다.

> 술어 + 得(~하는 게 / ~해서 ~할 정도이다) + ······
>   정도보어

예 날씨가 외출하기 싫을 정도로 덥다. 　天气热得不想出门。

날씨가 덥다　　　　　　　　　天气很热
　술어

↓

더운 게 어느 정도?　　　　　　　热得

↓

외출하기 싫다　　　　　　　　不想出门

↓

더워서 외출하기 싫을 정도다　　热得不想出门

예 그녀는 빨리 말한다.　　　　她说得很快。

그녀가 말한다　　　　　　她说
　술어

↓

말하는 게 어떠하다?　　　说得

↓

빠르다　　　　　　　　快

↓

말하는 게 빠르다　　　　说得很快

134

2) 구조조사의 종류

的(de)	得(de)	地(de)
관형어의 구조조사	정도보어의 구조조사	부사어의 구조조사
<u>＿＿＿的</u> + 명사 관형어	술어 + 得<u>＿＿＿</u> 정도보어	<u>＿＿＿地</u> + 형/동 부사어
예 아름다운 여인 漂亮的女人	예 아름다워서 할 말이 없을 정도다 (= 할 말이 없을 정도로 아름답다) 漂亮得没话说	예 아름답게 피었다 漂亮地开了

---

2 一A就B

① A하기만 하면, B하다

앞의 '조건(A)'이 주어지기만 하면, 자연스럽게 뒤의 '결과(B)'가 있음을 나타냅니다.

예 주말만 되면, 쉬고 싶다.　　　　一到周末就想休息。

술만 마시면, 얼굴이 빨갛게 된다.　一喝酒脸就红。

출근만 하면, 힘들다.　　　　　　一上班就累。

② A하자마자, B하다

'선행 동작(A)'이 있고, 연이어서 '후행 동작(B)'이 있다는 의미로 두 행위가 연이어 일어남을 나타냅니다.

예 그는 출근하자마자, 주식을 한다.　他一上班就炒股。

세차하자마자, 비가 왔다.　　　　一洗车，就下雨了。

天气 tiānqi 날씨 | 热 rè 덥다 | 出门 chūmén 외출하다 | 漂亮 piàoliang 아름답다, 예쁘다 | 开 kāi (꽃이) 피다 |
周末 zhōumò 주말 | 脸 liǎn 얼굴 | 洗车 xǐ chē 세차하다 | 下雨 xià yǔ 비가 오다

1 그림과 어울리는 문장을 골라 연결해 보세요.

● 累得要命！

● 不要在这儿抽烟。

● 快点儿吧！

2 녹음을 듣고 적절한 대답에 체크하세요. ⊙ CD 2-21

● 我一到公司就看报。 ☐

● 我不下班。 ☐

3 다음 빈칸에 들어갈 알맞은 단어를 보기에서 고르세요.

[보기]   a 的   b 得   c 地

① 아주 아름다운 여인!   漂漂亮亮_____女人！

② 아름다워서 할 말이 없을 정도다.   漂亮_____没(有)话说。

③ 아주 아름답게 피었다.   漂漂亮亮_____开了。

④ 훌륭하다 할 정도로 말을 잘한다.   说_____漂亮。

4 제시 문장을 참고로 빈칸에 들어갈 글자를 써 넣으세요.

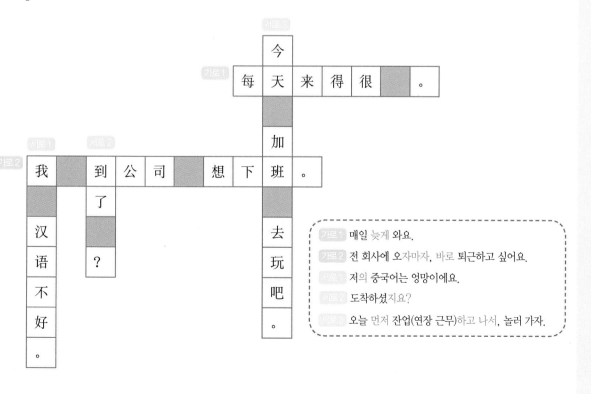

가로1 매일 늦게 와요.
가로2 전 회사에 오자마자, 바로 퇴근하고 싶어요.
세로1 저의 중국어는 엉망이에요.
세로2 도착하셨지요?
세로3 오늘 먼저 잔업(연장 근무)하고 나서, 놀러 가자.

Part 09

지금 퇴근해도 될까요?

외근을 나온 이 대리, 회사로 돌아가기도, 그냥 퇴근하기도 애매한 시간이네요. 밖에서 잠시 만난 친구가 그냥 퇴근하라고 한참 꼬드기는데, 부장한테 전화가 옵니다. 바로 퇴근할 수 있을지 이야기를 들어 봐요.

★ 표현 포인트
  1. 하고 싶어요 (바람)
  2. 할 수 있어요 (능력)
  3. 바로 퇴근하세요 (허락)

★ 문법 포인트
  1. 능원동사 (会 / 可以 / 能)
  2. 연동문

🔵 CD 2-22

1

A : Bú yào zài huí gōngsī, zhíjiē xià bān ba.
不要再回公司， 直接下班吧。

우 이아 짜 이 꼬 옹 쓰   으 지 에 시 빠 안
부   후에   즈   바
    오 이   아

해석

A : 회사에 다시 돌아가지 말고, 바로 퇴근하자.

B : 나도 돌아가고 싶지 않지, 그런데…

B : Wǒ yě bù xiǎng huí, kěshì……
我也不想回， 可是……

어 뿌   이   스
우 이   시 후에   크
    에   앙   어

새단어

回 huí 돌아가다(오다)

直接 zhíjiē 직접, 바로

吧 ba ~하자(청유)

不想 bù xiǎng ~하고 싶지 않다

可是 kěshì 그런데, 그러나

▶ 어떤 일을 하고 싶을 땐, 그 '염원이나 바람' 앞에 想이나 要를 붙여 표현합니다. 반대로 어떤 일을 하고 싶지 않을 땐, 不想으로 나타낼 수 있답니다.

我想回国。Wǒ xiǎng huí guó. 저 귀국하고 싶어요.

我们不想跟贵公司合作。저희는 귀사와 협력하고 싶지 않습니다.
Wǒmen bù xiǎng gēn guì gōngsī hézuò.

天一冷，我就不想起得早。날이 추웠다 하면, 나는 일찍 일어나기가 싫다.
Tiān yì lěng, wǒ jiù bù xiǎng qǐ de zǎo.

▶ 앞의 내용과 상반되는 내용이 뒤에 이어서 올 때는 可是를 사용합니다.

想见你，可是我下个星期要回国了。널 만나고 싶지만, 나는 다음 주에 곧 귀국한다.
Xiǎng jiàn nǐ, kěshì wǒ xià ge xīngqī yào huí guó le.

工作很累，可是我喜欢这份工作。일은 힘들지만, 난 이 일을 좋아한다.
Gōngzuò hěn lèi, kěshì wǒ xǐhuan zhè fèn gōngzuò.

回国 huí guó 귀국하다 | 跟 gēn ~와, ~과 | 天 tiān 날, 날씨 | 冷 lěng 춥다 | 下 xià 다음 |
星期 xīngqī 주, 요일 | 份 fèn 일을 나타내는 단위

2

A : Wǒ jiǔ hē de tài duō le, bù néng huíqu le!
我酒喝得太多了, 不能回去了!

B : Wǒ xiànzài kěyǐ xià bān ma, zhǔrèn?
我现在可以下班吗, 主任?

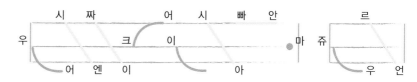

해석

A : 나 술 너무 많이 마셨어.
회사 못 돌아간다.
B : 저는 지금 퇴근해도 되나
요. 주임님?

새단어

酒 jiǔ 술
不能 bù néng ~할 수 없다

▶ 주어진 특별한 상황이나 조건에 의해 '~할 수 없음'을 나타낼 때, 不能…으로 나타내면
된답니다. A 문장은 과음으로 인해 돌아갈 수 없게 된 것이니 不能을 사용할 수 있겠지요?

身体很不舒服，今天不能上班了。 몸이 안 좋아, 오늘은 출근 못하겠어.
Shēntǐ hěn bù shūfu, jīntiān bù néng shàng bān le.

快开始了，不能再等了。 곧 시작이에요, 더는 못 기다려요.
Kuài kāishǐ le, bù néng zài děng le.

▶ '허락'을 하거나 요청할 때, 보통 可以를 써서 나타냅니다.

你可以晚点儿来。 Nǐ kěyǐ wǎn diǎnr lái. 당신은 좀 늦게 와도 됩니다.
你可以休息一会儿！ Nǐ kěyǐ xiūxi yíhuìr! 잠시 쉬어도 돼요!
我可以回家吗？ Wǒ kěyǐ huí jiā ma? 저 집에 가도 될까요?

舒服 shūfu 편안하다, 쾌적하다 | 再 zài 더 | 一会儿 yíhuìr 잠시, 잠깐 동안

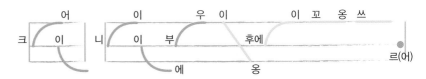

3

CD 2-24

A : Kěyǐ,　nǐ yě bú yòng huí gōngsī le.
可以，你也不用回公司了。

어
이　　우 이　　이꼬 옹쓰
크
이　　니 이 부　　후에
에　　옹
르(어)

해석

A : (전화 목소리) 응, 이 대
리도 회사 돌아갈 필요
없게 됐어.

B : 아! 알겠습니다! 내일 봬
요! 난 이제 해방이다!

새단어

不用 bú yòng ~할 필요 없다
的 de 강한 긍정, 동의를 나타냄
明天 míngtiān 내일
解放 jiěfàng 해방하다(되다)

B : À! Hǎo de! Míngtiān jiàn!
Wǒ xiànzài jiù jiěfàng le!

啊！ 好的！ 明天见！ 我现在就解放了！

아
잉 티 엔 지
하
미
오 드(어)
엔

시 짜 지어　　파
우
지
어 엔 이 우 에 앙 르(어)

▶ 어떤 일을 구태여 '할 필요가 없음'을 말할 땐 不用을 불필요한 일 앞에 써서 표현합니다.

不用谢！ Bú yòng xiè! 감사할 필요 없어요!

不用现在去交。 Bú yòng xiànzài qù jiāo. 지금 내러 갈 필요는 없어요.

▶ 现在와 了가 함께 사용되면, '이제 ~가 되다 / ~하게 되다'라는 의미로, 다양한 표현에
활용될 수가 있어요.

我现在是主任了。 Wǒ xiànzài shì zhǔrèn le. 저는 이제 부장이 되었습니다.

我女儿现在是小学生了。 제 딸은 이제 초등학생이 되었어요.
Wǒ nǚ'ér xiànzài shì xiǎoxuéshēng le.

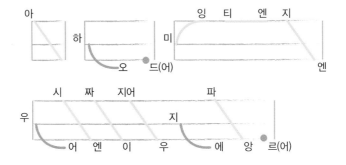

交 jiāo (돈 · 표 등을) 내다, (사람을) 사귀다 | 女儿 nǚ'ér 딸 | 小学生 xiǎoxuéshēng 초등학생

142

4

A : Tài hǎo le! Wǒmen qù hē jiǔ ba.

太好了！ 我们去喝酒吧。

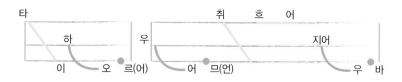

B : Nǐ fēng le! Wǒ bú huì hē jiǔ!

你疯了！ 我不会喝酒！

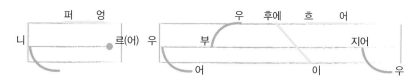

해석

A : 잘됐다! 우리 술 마시러
　　가자.

B : 미쳤어! 나 술 못 마시잖
　　아!

새단어

了 le (太와 호응하면) '강조'의
기능을 함
会 huì (배워서) ~할 줄 알다

▶ 去喝酒는 '술 마시러 간다'는 뜻이지만, 행위의 발생 순서는 '가서(去)', '마시는(喝)'
거겠죠? 이렇게 2개 이상의 동작이 한 문장에 나오면 동작 순서대로 써 주면 됩니다.

你快回家吃饭吧。 Nǐ kuài huí jiā chī fàn ba. 얼른 집에 가서 식사하세요.

你快去报名吧。 Nǐ kuài qù bàomíng ba. 얼른 가서 등록해.(등록하러 가렴)

▶ '배워서 할 수 있음'을 말할 때, 반드시 会로 나타내야 해요. 보통 후천적으로 학습되는
'언어나 기술' 방면의 능력을 표현할 때 활용된답니다. 반대로 '학습하지 못해서 못함'을
말할 땐 不会라고 합니다. 술도 '배운다'라고 표현하잖아요~

我不会开车。 Wǒ bú huì kāi chē. 전 운전을 할 줄 몰라요.

A : 你会说汉语吗？ Nǐ huì shuō Hànyǔ ma? 당신은 중국어를 할 줄 아나요?

B : 会(一)点儿，可是说得不好。 조금 하는데, 잘 못해요.
　　Huì (yì)diǎnr, kěshì shuō de bù hǎo.

报名 bàomíng 등록, 신청하다 | 开车 kāi chē 차를 운전하다

01

Wǒ bù xiǎng gēn guì gōngsī hézuò.

我不想 跟贵公司合作。 저는 귀사와 협력하고 싶지 않습니다.

bèi chǎo yóuyú
① 被炒鱿鱼

fá kuǎn
② 罚款

shēngqì
③ 生气

dǎobì
④ 倒闭

被炒鱿鱼 bèi chǎo yóuyú 해고당하다 ㅣ 罚款 fá kuǎn 벌금을 물다 ㅣ
生气 shēngqì 화내다, 화나다 ㅣ 倒闭 dǎobì 도산하다

02

Wǒ kěyǐ huí jiā ma?

我可以 回家 吗? 저 집에 가도 될까요?

shìshi
① 试试

wánr diànnǎo
② 玩儿电脑

jièyòng
③ 借用

cānguān
④ 参观

试试 shìshi (시험 삼아) ~ 좀 해 보다 ㅣ 玩儿 wánr (운동이나 게임 등을) 하다 ㅣ
电脑 diànnǎo 컴퓨터 ㅣ 借用 jièyòng 빌려 쓰다 ㅣ 参观 cānguān 참관, 견학하다

03

Bú yòng xiànzài qù jiāo.

不用 现在去交 。 지금 내려 갈 필요는 없어요.

huā qián
① 花钱

yùyuē
② 预约

dānxīn
③ 担心

jiāo shuì
④ 交税

花钱 huā qián 돈을 쓰다 | 预约 yùyuē 예약하다 | 担心 dānxīn 걱정하다 |
交税 jiāo shuì 세금을 내다

04

Wǒ bú huì hē jiǔ.

我不会 喝酒 。 전 술을 못 마셔요.

dǎ gāo'ěrfūqiú
① 打高尔夫球

shuō Yīngyǔ
② 说英语

chàng Zhōngguó gē
③ 唱中国歌

zuò shēngyi
④ 做生意

打 dǎ 치다, 하다 | 高尔夫球 gāo'ěrfūqiú 골프 | 英语 Yīngyǔ 영어 | 唱 chàng 부르다 |
中国歌 Zhōngguó gē 중국 노래 | 生意 shēngyi 장사, 사업

★ 병음을 보고 정확하게 읽어 봐요~

외근 중인 이 대리는 친구와 함께 있다.

péngyou **Bú yào zài huí gōngsī, zhíjiē xià bān ba.**
부 야오 짜이 후에이 꽁쓰 즈지에 시아 빤 바

Xiǎo Lǐ **Wǒ yě bù xiǎng huí, kěshì…**
워 예 부 시앙 후에이 커스

(그때 걸려 오는 전화)

Máo zhǔrèn **Wǒ jiù hē de tài duō le, bù néng huíqu le!**
워 지어우 허 더 타이 뚜어 러 뿌 넝 후에이취 러

Xiǎo Lǐ **Wǒ xiànzài kěyǐ xià bān ma, zhǔrèn?**
워 시엔짜이 커이 시아 빤 마 주런

Máo zhǔrèn **Kěyǐ, nǐ yě bú yòng huí gōngsī le.**
커이 니 예 부 용 후에이 꽁쓰 러

Xiǎo Lǐ **À! Hǎo de! Míngtiān jiàn!**
아 하오 더 밍티엔 지엔

(전화 끊고) **Wǒ xiànzài jiù jiěfàng le!**
워 시엔짜이 지어우 지에팡 러

péngyou **Tài hǎo le! Wǒmen qù hē jiǔ ba.**
타이 하오 러 워먼 취 허 지어우 바

Xiǎo Lǐ **Nǐ fēng le! Wǒ bú huì hē jiǔ!**
니 펑 러 워 부 후에이 허 지어우

朋友	不要再回公司，直接下班吧。
小李	我也不想回，可是……

毛主任	我酒喝得太多了，不能回去了！
小李	我现在可以下班吗，主任？
毛主任	可以，你也不用回公司了。
小李	啊！好的！明天见！我现在就解放了！
朋友	太好了！我们去喝酒吧。
小李	你疯了！我不会喝酒！

  궁금해요 중국인들은 술자리에서 술잔이 비어 있으면 안 된다면서요?

A **그건 말이죠~! 일본인 학생 나카가와가 알려 드립니다.**

일본이나 한국은 대부분 잔을 완전히 비워야 술을 따라 주잖아요? 하지만 중국에서는 아직 술이 남아 있는 잔에 보태어 술을 따라 준답니다. 하지만 첨잔할 때 주의할 게 있어요.

상대의 잔이 조금 비어서 술을 따라 줄 때는 그 사람 술병의 술로 따라 주세요. 알고 보니, 요즘 중국의 젊은이들은 각자 맥주를 시키고, 본인이 시킨 맥주는 오로지 그 사람의 것으로, 다른 사람에게는 나눠 주지 않는다고 하네요. 설마 싶어서 술 마시는 다른 사람들의 테이블을 살펴보았는데, 진짜 다들 각자 맥주병을 두고서, 따라 줄 때에는 받는 사람의 맥주로 따라 주고 있었답니다~

1 능원동사

능원동사는 '능력(할 수 있음)'과 '염원(하고 싶음)', '허락(해도 됨)' 등을 나타내는 동사로 '조동사'라고도 합니다.

1) '할 수 있음'을 나타내는 능원동사

① 会   배워서, 습득해서 '~할 수 있음, 할 줄 앎'(↔ 不会)

주로 언어·기술 등에 쓰입니다.

예 전 운전할 줄 몰라요.   我不会开车。

② 能   특수한 상황이나 조건에 의해 '~할 수 있음, 가능함'(↔ 不能)

허가에 의해 가능하거나 개인의 능력으로 가능함을 나타내기도 합니다. 특히 개인 능력 표현에는 能만 쓸 수 있어요.

예 전 술을 마셔서, 운전할 수가 없어요. 我喝酒了，不能开车。

③ 可以   허락·허가에 의해 '~할 수 있음'(↔ 不可以)

특수한 상황이나 조건에 의해 가능함을 나타내기도 합니다.

예 너 운전하면 안 돼!   (你)不可以开车！

可以로 나타낼 수 있는 표현은 전부 能으로 바꾸어 쓸 수 있습니다. 可以는 '허가'를 구할 때 많이 사용하므로, '상황이나 조건으로 인해 할 수 없음'을 나타낼 땐 不能을, '허락하지 않음(불허)'을 나타낼 땐, 不可以를 주로 사용한답니다. 간단한 그림으로 이해해 봐요~

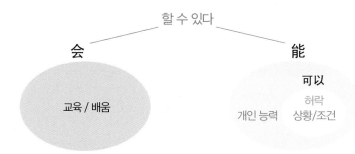

2) '하고 싶음'을 나타내는 능원동사

① 想 ~하고 싶다, ~하길 원하다(↔ 不想)

바람이나 소망 등을 나타냅니다.

- 例 뭐하고 싶어?   你想做什么?
    나 밥 먹고 싶어, 넌?   我想吃饭，你呢?
    난 밥 먹고 싶지 않아.   我不想吃饭。

② 要 ~하길 원하다, ~할 것이다, ~하려고 하다, ~해야 한다(↔ 不想)

좀 더 강한 의지의 표현을 나타내며, '不要 + 동작'은 '~하지 마세요'라는 의미입니다.

- 例 나는 밥 먹으러 갈래.   我要去吃饭。
    너무 많이 먹지마.   不要吃得太多。

2 연동문

말 그대로 하나의 주어에 연이어 두 개 이상의 동사가 나타나는 문장을 가리켜, '연동문'이라고 합니다. 연동문을 만들 때 가장 기본적인 것은 '행위나 사건'의 발생 순서에 따라 동사를 나열하는 것입니다. 보통 '수단이나 방법'을 나타내는 표현이 앞부분에, '목적'을 나타내는 표현이 뒷부분에 옵니다.

- 例 우리 밥 먹으러 가요.   我们去吃饭吧。
         목적

- 例 저는 차를 타고 갈 거예요.   我要坐车去。
         수단

- 例 당신이 전화해서 물어보세요.   你打电话打听吧。
         방법

坐 zuò (교통 도구를) 타다

1 아래 한국어 자막을 참고하여, 중국어 자막을 완성해 주세요.

중국인 친구와 함께 한류 드라마를 보고 있습니다. 중국 친구가 편히 시청할 수 있도록 중국어 자막을 완성해 볼까요?

❶
怎么办！
_____12点了！

今天_____
回家！

여: 어떡해! 곧 12시네!
남: 오늘 집에 가지 마~~

❷
我也_____回家，
可是我爸爸_____
严格_____，
_____不回家。

여: 나도 가고 싶지 않지. 그런데 아버지께서 너무
엄하셔서 집에 안 갈 수가 없어.

❸
_____。

그래라.

아버지, 오늘 야근
해야 돼요.
외박해도 되나요?

爸爸！
今天我_____加班，
我_____外宿吗？

발신 : 아버지 저 야근해야 해요.
　　　오늘 외박해도 되나요?
회신 : 그래라.

❹
___好___！

亲爱的！今天我
_____回家___。

여: 자기! 나 오늘 집에 갈 필요 없게 됐어.
남: 너무 잘됐다!

严格 yángé 엄하다 | 外苏 wàisù 외박 | 亲爱的 qīn'ài de 자기야, 사랑하는

2 녹음을 듣고 적절한 대답에 체크하세요. CD 2-28

● 好，我去做！ ☐

● 可以！ ☐

3 다음 빈칸에 들어갈 알맞은 단어를 보기에서 고르세요.

[보기]　　　a 要　　　　b 想　　　　c 能　　　　d 会

① 술 마시지 마세요.　　　　　　　　　　　不_____喝酒。

② 저는 맥주를 2병 마실 수 있습니다.　　　　我_____喝两瓶啤酒。
　　　　　　　　　　　　　　　　　　　　　　　　　　　　píjiǔ 맥주

③ 오늘은 못 마십니다.　　　　　　　　　　今天不_____喝。

④ 술 마시고 싶지 않아요.　　　　　　　　　我不_____喝。

4 제시 문장을 참고로 빈칸에 들어갈 글자를 써 넣으세요.

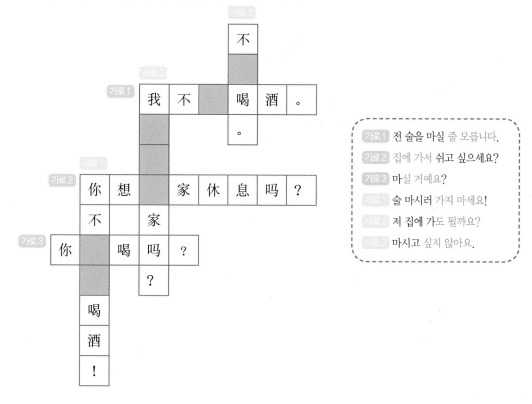

> 가로1 전 술을 마실 줄 모릅니다.
> 가로2 집에 가서 쉬고 싶으세요?
> 가로3 마실 거예요?
> 세로1 술 마시러 가지 마세요!
> 세로2 저 집에 가도 될까요?
> 세로3 마시고 싶지 않아요.

Part 10

시간이
어쩜 이렇게
빨리 갈까요?

이다리가 중국 파견 근무를 한 게 벌써 1년이 다 되어
가네요. 그가 오랜만에 자신의 블로그에 쓴 '나의 베이
징 생활'을 함께 감상해 봐요~

6과 – 동작의 진행 표현
1. 正在(= 在 / 正 … 呢。)
2. 요일 · 시간
    星期一 ~ 星期天 / 昨天 ~ 后天 / 上午 ~ 下午
3. 시간사 + … 的时候

7과 – '곧 일어나게 될 상황 · 상태' 표현
1. 快…了
2. 시간 표현 现在两点一刻。
3. 有点儿 vs 一点儿

8과 – 정도 표현
1. 구조조사 的 / 得 / 地
2. 정도보어 – 来得太晚了。
3. 一 A 就 B

9과 – 능원동사 + 연동문
1. 능원동사 ⑴ 会 / 能 / 可以
2. 능원동사 ⑵ 想 / 要
3. 연동문 – 我们去喝酒吧。

1

Shíjiān zěnme zǒu de zhème kuài!

时间怎么走得这么快!

해석

시간이 어쩜 이렇게 빨리 갈까요!

제가 막 왔을 땐, 중국어를 잘 못했어요.

새단어

走 zǒu 가다

这么 zhème 이렇게

刚 gāng 막, 방금

Wǒ gāng lái de shíhòu, bútài huì shuō Hànyǔ.

我刚来的时候， 不太会说汉语。

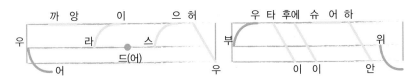

▶ '어쩜(어떻게) 이렇게 빨라!'처럼 '반문'을 통한 강조는 우리말 순서처럼 怎么(어떻게)와 这么 / 那么(이렇게 / 그렇게)'를 차례로 나열해서 나타내면 됩니다.

他怎么那么说! Tā zěnme nàme shuō! 걔 어떻게 그렇게 말할 수가 있어!

怎么这么漂亮! Zěnme zhème piàoliang! 어쩜 이렇게 예뻐!

怎么说得这么慢! Zěnme shuō de zhème màn! 어쩜 말하는 게 이렇게 느려!

▶ …的时候는 '~할 때'라는 의미로 앞에 오는 시간사에 따라 과거, 현재, 미래의 시제를 모두 나타낼 수 있습니다.

我每天工作的时候，你在玩儿。 난 매일 일할 때 넌 놀고 있다.
Wǒ měitiān gōngzuò de shíhòu, nǐ zài wánr.

我昨天工作的时候，你在玩儿。 나 어제 일할 때, 넌 놀고 있었다.
Wǒ zuótiān gōngzuò de shíhòu, nǐ zài wánr.

我明天工作的时候，你可能在玩儿。 나 내일 일할 때, 넌 아마 놀고 있을 거야.
Wǒ míngtiān gōngzuò de shíhòu, nǐ kěnéng zài wánr.

慢 màn 느리다

2

Xiànzài ne, néng dāng fānyì le!
现在呢, 能当翻译了!

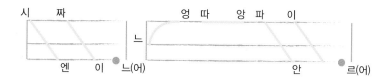

지금은요, 통역을 맡을 수 있
게 되었어요!
저는 지금 승진 시험을 준비
하고 있어요. 곧 시험이거든
요.

Wǒ zài zhǔnbèi jìnshēng kǎoshì, kuài kǎoshì le.
我在准备晋升考试, 快考试了。

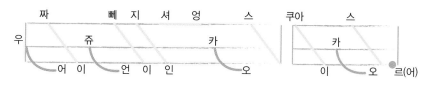

새단어

当 dāng 맡다, 담당하다
翻译 fānyì 번역(통역)하다, 번
　　역(통역)사
准备 zhǔnbèi 준비하다
晋升 jìnshēng 승진하다
考试 kǎoshì 시험(을 치다)

▶ 어떤 상황이나 조건의 변화로 인해 '~하는 게 가능하게 되었음'을 나타낼 때는 能(~할
수 있다 / 가능하다)과 了(~되다)를 써서 '能…了' 형식으로 표현합니다. 반대로 '못하게
되었음'은 不能…了로 나타냅니다.

终于能去中国了。 드디어 중국에 갈 수 있게 되었어요.
Zhōngyú néng qù Zhōngguó le.

我下个星期能去接你了。 다음 주에 당신을 마중 나갈 수 있게 되었어요.
Wǒ xià ge xīngqī néng qù jiē nǐ le.

我今天不能上班了! 저 오늘은 출근 못하게 됐어요.
Wǒ jīntiān bù néng shàng bān le!

我不能去了。 Wǒ bù néng qù le. 전 못 가게 되었어요.

终于 zhōngyú 드디어, 마침내 | 接 jiē 마중하다

CD 2-31

3

A : Měitiān yí xià bān jiù huí sùshè xuéxí.
每天一下班就回宿舍学习。

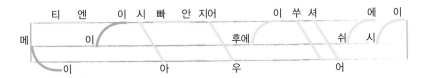

Shí'èr diǎn duō cái qù shuì,
zǎoshang yǒudiǎnr kùn.
十二点多才去睡，早上有点儿困。

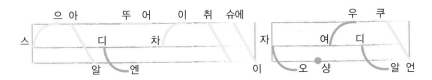

해석

매일 퇴근하자마자 숙소로
돌아가서 공부해요.
12시가 넘어서야 잠을 자러
가기 때문에, 아침엔 좀 힘들
어요.

새단어

宿舍 sùshè 기숙사, 숙소
才 cái 겨우, 그제서야
有点儿 yǒudiǎnr 조금
困 kùn 졸리다, 피곤하다

▶ 多가 위와 같이 수량사 뒤에 사용되면 '남짓, 여 / 넘어서'의 의미를 가집니다.

喝一杯多了。 Hē yì bēi duō le. 한 잔 넘게 마셨어.

我都四十多岁了。 Wǒ dōu sìshí duō suì le. 전 벌써 마흔이 넘었어요.

一堵车就八点多了。 Yì dǔ chē jiù bā diǎn duō le. 차가 막혔다 하면, 8시가 넘어요.

또한 多는 동사 앞에서 '많이'라는 의미로 사용되기도 하고, 의문문이나 감탄문에선
영어의 'how / what(얼마나)'과 같은 의미를 가집니다.

昨天喝得很多。 Zuótiān hē de hěn duō. 어제 많이 마셨습니다.(마신 정도가 많다)

多喝水！ Duō hē shuǐ! 물을 많이 마시세요.

你多大？ Nǐ duō dà? 당신은 나이가 어떻게 되세요?

▶ '그제서야 겨우'의 의미를 더 부각하여 나타낼 땐, 술어 앞에 才를 써서 나타냅니다.

你怎么现在才来！ Nǐ zěnme xiànzài cái lái! 너 어떻게 지금에서야 오니!

凌晨3点才回家了！ 새벽 3시나 되어서야 집에 들어갔어요!
Língchén sān diǎn cái huí jiā le!

水 shuǐ 물 | 凌晨 língchén 새벽

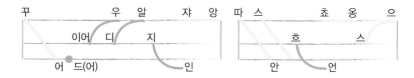

4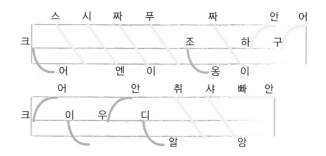

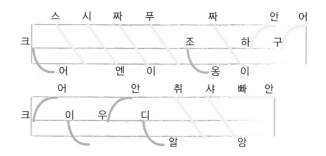

CD 2-32

4

Kěshì xiànzài fùzǒng zài Hánguó,
kěyǐ wǎn diǎnr qù shàng bān.

可是现在副总在韩国，可以晚点儿去上班。

Guò de yǒudiǎnr jǐnzhāng,
dànshì hěn chōngshí.

过得有点儿紧张，但是很充实。

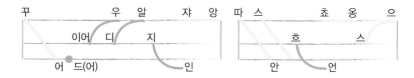

해석

그런데 지금은 이사님이 한
국에 있어서, 조금 늦게 출근
하는 게 가능해졌어요.
좀 빡빡하게 지내긴 하지만,
아주 보람되답니다.

새단어

过 guò 지내다, 보내다
充实 chōngshí 보람 있다, 충
실하다

▶ 晚点儿은 술어 앞에 사용되면, '(종전과 비교하여) 좀 더 늦게' 정도로 해석할 수 있습니다.
'좀 더 일찍'은 早点儿로 나타냅니다.

星期六可以晚点儿起。Xīngqīliù kěyǐ wǎn diǎnr qǐ. 토요일엔 좀 늦게 일어날 수 있어요.
明天早点儿来吧。Míngtiān zǎo diǎnr lái ba. 내일 좀 일찍 오세요.

▶ '~하게 생활하다 / ~하게 지내다'를 나타낼 땐, 간단하게 '过得…' 형식을 써서 말할 수
있습니다.

过得怎么样？Guò de zěnmeyàng? 어떻게 지내요?
天天过得又充实又开心！ 하루하루 보람되고 즐겁게 지내요!
Tiāntiān guò de yòu chōngshí yòu kāixīn!

CD 2-33

01

Wǒ zuótiān gōngzuò de shíhòu, nǐ zài wánr.

我 昨天工作 的时候，你在玩儿。 내가 어제 일할 때, 넌 놀고 있었어.

gēn kèhù kāi huì
① 跟客户开会

hé kèhù tánpàn
② 和客户谈判

zhí bān
③ 值班

fā yán
④ 发言

> 谈判 tánpàn 협상하다 | 值班 zhí bān 당직을 서다 |
> 发言 fā yán (주로 회의 석상에서) 발언하다, 발표하다

02

Zhōngyú néng qù zhōngguó le.

终于能 去中国 了 。 드디어 중국에 갈 수 있게 되었어요.

huí jiā hǎohāor xiūxi
① 回家好好儿休息

gǎodìng
② 搞定

jìn qián sì
③ 进前四

shuìzhao jiào
④ 睡着觉

> 好好儿 hǎohāor 잘, 제대로 | 搞定 gǎodìng (문제 등을) 해결하다, 처리하다, 풀다 |
> 进前四 jìn qián sì 4강에 들다 | 睡着 shuìzhao 잠들다 | 觉 jiào 잠

Nǐ zěnme xiànzài cái lái!

你怎么现在才 来 ！ 어째서 이제 오는 거야!

chūxiàn
① 出现

fāxiàn
② 发现

zhīdao
③ 知道

qǐ chuáng
④ 起床

出现 chūxiàn 나타나다 | 发现 fāxiàn 발견하다 | 知道 zhīdao 알다 | 起床 qǐ chuáng 일어나다

Guò de hěn hǎo.

过得 很好 。 잘 지내요.

hěn xìngfú
① 很幸福

fēicháng yúkuài
② 非常愉快

hěn xīnkǔ
③ 很辛苦

bǐ yǐqián gèng hǎo
④ 比以前更好

幸福 xìngfú 행복하다 | 愉快 yúkuài 기쁘다, 즐겁다 | 辛苦 xīnkǔ 고생스럽다 | 比 bǐ ~보다 |
以前 yǐqián 이전 | 更 gèng 훨씬, 더

CD 2-34

★ 병음을 보고 정확하게 읽어 봐요~

이 대리가 베이징에서의 1년을 돌아보면서 블로그(博克 bókè)에 쓴 일기~

Shíjiān zěnme zǒu de zhème kuài!
스지엔　전머　저우　더　쩌머　쿠아이

Wǒ gāng lái de shíhòu, bútài huì shuō Hànyǔ.
워　깡　라이　더　스허우　부타이　후에이　슈어　한위

Xiànzài ne, néng dāng fānyì le!
시엔짜이　너　넝　땅　판이　러

Wǒ zài zhǔnbèi jìnshēng kǎoshì, kuài kǎoshì le.
워　짜이　쥰뻬이　진셩　카오스　콰이　카오스　러

Měitiān yí xià bān jiù huí sùshè xuéxí.
메이티엔　이　시아　반　지어우 후에이　쑤셔　쉬에시

Shí'èr diǎn duō cái qù shuì, zǎoshang yǒudiǎnr kùn.
스알　디엔　뚜어 차이 취 슈에이　자오샹　여우디알　퀸

Kěshì xiànzài fùzǒng zài Hánguó,
커스　시엔짜이　푸종　짜이　한구어

kěyǐ wǎn diǎnr qù shàng bān.
커이　완　디알　취　샹　빤

Guò de yǒudiǎnr jǐnzhāng, dànshì hěn chōngshí.
꾸어　더　여우디알　진쟝　딴스　헌　총스

时间怎么走得这么快! (8과)

我刚来的时候, (6과, 8과) 不太会说汉语。 (8과)

现在呢，能当翻译了! (9과, 7과)

我在准备晋升考试, (6과) 快考试了。 (7과)

每天一下班就回宿舍学习。 (8과)

十二点多才去睡, (7과, 9과) 早上有点儿困。 (7과)

可是现在副总在韩国, (9과) 可以晚点儿去上班。 (7과, 9과)

过得有点儿紧张, (7과, 8과) 但是很充实。

  주재원 생활에서 가장 힘든 건 무엇인가요?

A **그건 말이죠~! 상하이 이마트에서 근무하는 이재혁님이 알려 드립니다.**

사실, 중국 생활이라고 해서 특별한 것이 없어요. ㅎㅎ 열심히 일하고 맛 좋은 맥주도 가끔 마시고, 바뀐 거라면 같이 일하는 사람들이 중국 사람인 거겠지요. 그래서 그런지 가장 힘든 점이 바로 의사소통 문제 입니다. 조선족인 제 담당 통역사가 있음에도 불구하고 업무적으로 의사소통을 하려면 굉장히 힘들고, 또 이해하고 나면 '별것도 아닌 일에 힘을 뺐구나, 지금 이 얘길 해석하려고 이 고생을 한 거야?' 하는 생각이 들거든요. 여기 와서 더 많이 느끼는 건, 정말 중국어는 발음과 성조가 중요하다는 겁니다. 한국에서 그걸 무시하고 공부하는 사람들이 많았는데 절대 그러면 안 될 거 같아요. 글을 알고 발음을 알아도 성조 때문 에 전자사전을 다시 봐야 하는 게 너무 귀찮거든요. 성조, 발음을 확실히 알고 가면 중국인과의 교류가 훨 씬 수월해질 거라고 생각해요!

1 부사 才

중국어에서 부사 才는 한국어의 '겨우'와 거의 같은 의미로 사용됩니다. 보통 두 가지 의미로 사용되는데요. 먼저 예문으로 함께 살펴볼까요?

> 예 ① 겨우 12시예요.(= 고작 12시밖에 되지 않았어요.)　　　才12点了。
>
> ② 12시에 겨우 잡니다.(= 12시나 되어서야 비로소 잡니다.)　12点才睡。

이 두 예문에서 알 수 있듯이, 才는 주로 ① '고작 ~밖에 되지 않다'의 의미로 '모자람·부족함, 시간적으로 (이름)'을 나타내거나, ② '~나 되어서야, ~하고 나서야 비로소'의 의미로 '시간적으로 (늦음)'을 나타내는 데 활용됩니다.

2 才(그제서야) VS 就(이미, 벌써)

중국어에서 才와 항상 비교되는 것이 就입니다. 才가 '기대했던 시간보다 늦게 이루어짐(그제서야)'을 나타낸다면 就는 그와 반대로 '기대했던 시간보다 일찍 이루어짐(~하자마자, 곧)'을 나타냅니다. 만약 11시에 만나기로 약속한 상황에서, '시간이 늦고 이름'을 아래의 예문처럼 문장으로 비교해 봅시다.

> 예 그는 12시나 되어서야 도착했어요.　　　　　他12点才到了。
>
> 저는 10시에 (이미, 벌써) 도착했어요.　　　　我10点就到了。

3 会와 得로 정도 나타내기

어떤 것을 '할 줄 안다'고 말을 하면, 자연스럽게 따라오는 표현이 '얼만큼 하니?'라는 실력·수준·정도에 관한 질문이지요. 중국어로 생각해 보면 会(~할 줄 안다, ~할 수 있다)와 得(~ 정도이다)는 뗄래야 뗄 수 없는 사이인 거죠. 예문으로 살펴볼까요?

예 A : 나 중국어 할 줄 알아.   我会说汉语。

B : 말하는 실력(수준)이 어때?   说得怎么样?

A : 나 골프 칠 줄 알아.   我会打高尔夫球。

B : 치는 실력(수준)이 어때?   打得怎么样?

'得 + 정도나 수준 등을 구체적으로 보충하는 성분' 형식은 '~하는 게 어느 정도이다(= 어느 정도만큼 ~한다)'라는 의미를 나타내므로, '할 줄 안다'는 사실이 이미 내포되어 있으니 会를 따로 쓸 필요가 없겠죠?

예 아주 못해.   我说<u>得很不好</u>。
                                       정도보어

그럭저럭 쳐.   我打<u>得还可以</u>。
                                       정도보어

구체적으로 어떤 것을 잘하는지는 술어 앞에 써서 나타냅니다.

예 난 중국어를 아주 못해.   我(说)汉语说得很不好。

난 골프를 괜찮게 해.   我(打)高尔夫球打得还可以。

이렇게 '(술어)+ 종목(항목) + 동사 / 형용사 술어 + 得 + 정도나 수준 등을 구체적으로 보충하는 성분'의 형식을 따르는데, 이때 앞쪽에 위치한 '술어'는 중복을 피하기 위해 보통 생략합니다.

만약 会를 써서 정도를 나타내려면 본문처럼 会 앞에 不太 등의 '정도부사'를 써서 간단히 표현하는 것도 가능합니다.

예 그는 정말 말을 잘해요!   他真会说话！

저는 술을 잘 못 마셔요.   我不太会喝酒。

1 그림과 어울리는 문장을 골라 연결해 보세요.

못 마셔요

●

● 我不太会喝酒。

잘 못 마셔요

●

● 我真会喝酒。

잘 마셔요

●

● 我不会喝酒。

2 녹음을 듣고 적절한 대답에 체크하세요. CD 2-35

● 我是公司职员。 ☐

● 我在学习。 ☐

3 본문 내용에 맞춰 다음 질문에 답해 보세요.

① 他刚来的时候，会说汉语吗? 现在说得怎么样了?

② 他最近在准备什么?

③ 他下了班(퇴근하고 나면)就做什么?

④ 最近他几点睡? 睡得晚吗?

⑤ 最近工作忙吗?

4 지금까지 학습한 내용을 토대로 빈칸을 채워 자신의 상황을 말해 보세요.

저는 예전에 중국어를 (할 줄 몰랐습니다 / 조금 할 줄 알았습니다)

我以前＿＿＿＿＿＿＿汉语。

지금은 ~할 정도로 말합니다.

现在说得＿＿＿＿＿＿。

전 요즘 ~을 하고 있습니다.

我最近在＿＿＿＿＿＿。

퇴근하자마자 바로 ~합니다.

我一下班就＿＿＿＿＿＿。

저는 평소에 ~시에 자는데, 좀 ~하게 잡니다.

我平时＿＿＿＿＿＿点睡，睡得有点儿＿＿＿＿＿＿。

전 요즘 ~하게 지냅니다.

我最近过得＿＿＿＿＿＿。

Part 11

얼마나
걸립니까?

승진시험 후, 이 다리는 '과장'으로 승진하게 되었습니다. '능력 있는 사람이 일을 많이 한다'고, 그날부터 계속되는 야근으로 피곤은 쌓여만 가는데요~ 그의 안색을 보고 이사님이 뭐라고 염려의 말씀을 하실까요?

★ 표현 포인트
   1. 당신의 집은 우리 회사에서 멉니까?
   2. 얼마나 걸리나요?
   3. 빠르면 40분, 느리면 1시간이요.

★ 문법 포인트
   1. 시량보어
   2. 시간과 날짜의 표현
   3. 거리 표현

CD 2-36

1

怎么(어떻게) + 了(되다)
= 어떻게 된 거야 (왜 그래?)

A : **Zěnme le? Liǎnsè bútài hǎo.**

怎么了？ 脸色不太好。

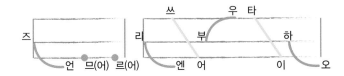

해석

A : 왜 그래? 안색이 별로네.

B : 요즘 날마다 야근했잖아
요. 힘들어서 목까지 쉬
었어요.

B : **Zuìjìn tiāntiān jiā bān, lèi de sǎngzi dōu yǎ le.**

最近天天加班， 累得嗓子都哑了。

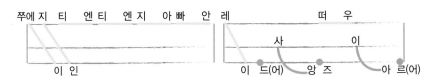

새단어

脸色 liǎnsè 안색, 얼굴색
天天 tiāntiān 날마다
嗓子 sǎngzi 목소리
都 dōu 심지어, ~조차도
哑 yǎ (목이) 쉬다

피로

▶ 우리는 '안색(颜色)'이라고 하면 '얼굴빛'을 뜻하지만, 중국어의 颜色 yánsè는 '색,
색깔'의 의미로 사용됩니다. 중국어로 '안색'은 '脸(얼굴검)'자를 써서 脸色 liǎnsè라고
한답니다.

你最近脸色有点儿暗。 Nǐ zuìjìn liǎnsè yǒudiǎnr àn. 너 요즘 얼굴이 좀 어두워.

脸色发黄了，怎么了？ Liǎnsè fā huáng le, zěnme le? 안색이 누래졌어, 왜 그래?

▶ 지금까지 都 dōu는 '모두, 다' 정도로만 알고 있었죠? 중국어에서는 하나의 한자가 여러
가지 의미로 활용되는 경우가 많아요. 여기서 都는 '~마저도'라는 뜻의 也와 같은 의미로
사용되었습니다.

我都不知道，你怎么知道？ 나조차 모르고 있는데, 네가 어떻게 아니?
Wǒ dōu bù zhīdao, nǐ zěnme zhīdao ?

周末都在工作，不想活了。 주말까지 일하고 있다니, 더 이상 살고 싶지 않습니다.
Zhōumò dōu zài gōngzuò, bù xiǎng huó le.

暗 àn 어둡다 | 发黄 fā huáng 누렇게(노랗게) 되다 | 活 huó 살다, 살아가다

2

A : **Nǐ jiā lí zánmen gōngsī yuǎn ma?**

你家离咱们公司远吗?

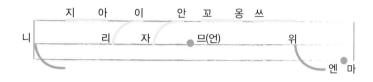

B : **Shì, yǒudiǎnr yuǎn, wèishénme?**

是，有点儿远， 为什么?

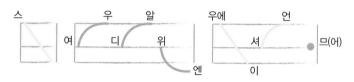

새단어

离 lí ~에서, ~로부터
咱们 zánmen 우리(말하는 시
점에서 현장에 있는 모든 사람)
远 yuǎn 멀다
为什么 wèishénme 왜, 어
째서

▶ 시·공간적인 거리의 '멀고 가까움'이나 '구체적인 거리'를 나타낼 때 쓰는 거리 전문 활용
단어는 离입니다. 주로 'A + 离 + B + 远 / 近 / 구체적인 거리 표현' 형식으로 사용되어 'A
는 B에서 멀다 / 가깝다 / ~의 거리다'라는 뜻을 나타냅니다.

中国离韩国不远。 **Zhōngguó lí Hánguó bù yuǎn.** 중국은 한국에서 멀지 않다.

离这儿远吗? **Lí zhèr yuǎn ma?** 여기에서 멀어요?

离我家有三公里。 **Lí wǒ jiā yǒu sān gōnglǐ.** 우리 집에서 3km 거리입니다.

▶ '조금'을 나타내는 두 가지 표현 一点儿과 有点儿의 쓰임을 가장 간단히 구별하려면, 有
点儿은 '굉장히(非常), 정말(真), 아주(很)' 등의 정도부사와 교체해서 사용할 수 있다는
것을 알아 두세요.

我有点儿饿，要吃(一)点儿东西。 저 배가 좀 고파요. 뭘 좀 먹어야겠어요.
Wǒ yǒudiǎnr è, yào chī (yì)diǎnr dōngxi.

我真饿，要吃一个。 전 정말 배고파요. 한 개 먹어야겠어요.
Wǒ zhēn è, yào chī yí ge.

我非常饿，要吃(一)点儿饭。 전 굉장히 배고파요. 밥을 좀 먹어야겠어요.
Wǒ fēicháng è, yào chī (yì)diǎnr fàn.

近 jìn 가깝다 | **公里** gōnglǐ 킬로미터(km)

뼈다귀 표현

CD 2-38

3

A : Xūyào duō cháng shíjiān?
需要多长时间? 多(얼마나) + 长(길다)

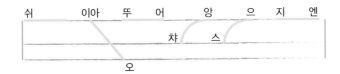

쉬　이아　뚜어　양　으지엔
챠　스
오

해석

A : 얼마나 걸리나?
B : 빠르면 40분, 느리면
　1시간이요.

새단어

需要 xūyào 필요로 하다,
　　　　(얼마나) 걸리다
多 duō 얼마나
长 cháng 길다, 오래다
…的话 …de huà (만약에)
　　　　~라면
分钟 fēnzhōng 분
小时 xiǎoshí 시간(시간의 단
　　　　위)

B : Kuài de huà, sìshí fēnzhōng,
　　màn de huà, yí ge xiǎoshí.
快的话，四十分钟，慢的话，一个小时。

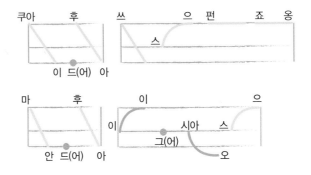

쿠아　후　쓰　으펀　죠옹
스
이 드(어) 아

마　후　이　으
이　시아　스
그(어)
안 드(어) 아　오

▶ 한국어에서도 어떤 사실을 가정할 때 '(만약에) ~라면'이라고 표현하죠? 중국어로는 (要
是) …的话를 사용합니다.

你是我的话，你要怎么做?　네가 나라면, 넌 어떻게 할거야?
Nǐ shì wǒ de huà, nǐ yào zěnme zuò?

你困的话，就回家吧。Nǐ kùn de huà, jiù huí jiā ba. 만약에 졸리면, 집에 가세요.

▶ 중국어에서는 하루를 '작게(小)' 나눈 것이 '시(时)'이므로 '시간'의 단위를 小时라고
하는데요~ 하루 24시간은 '24개(二十四个) 시간(小时)'으로 나타낼 수 있습니다. '~분
동안'은 分钟으로 표현합니다.

需要几个小时?　Xūyào jǐ ge xiǎoshí. 몇 시간 걸리나요?
需要两个半小时。Xūyào liǎng ge bàn xiǎoshí. 2시간 반 걸려요.
需要三十分钟。Xūyào sānshí fēnzhōng. 30분 걸려요.

170

4

A : Nà nǐ jīntiān qǐng jià xiūxi yì tiān, tīng wǒ de!
那你今天请假休息一天,　　　听我的!

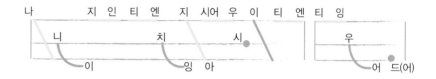

해석

A : 그럼 자네 오늘 하루 휴가
내고 쉬게나, 내 말 듣게!

B : 그렇다면, 이사님, 저 하
루 더 쉬어도 될까요?

B : Nàme, fùzǒng,
wǒ néng bu néng duō xiūxi yì tiān?
那么, 副总, 我能不能多休息一天?

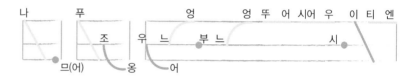

새단어

请假 qǐng jià 휴가를 내다
一天 yì tiān 하루
听 tīng 듣다
那么 nàme 그렇다면
多 duō 많이

▶ '휴가를 내다'라는 표현은 '신청하다(请) + 휴가(假)'로 나타내는데, 그 사이에 구체적인
휴가의 종류나 시간을 더해서 나타낼 수도 있습니다. '휴가를 보내다'라는 의미는 放을
써서 나타냅니다.

请病假。Qǐng bìng jià. 병가를 내다.

需要请几天假? Xūyào qǐng jǐ tiān jià? 휴가를 며칠이나 신청해야 하나요?

你要放几天假? Nǐ yào fàng jǐ tiān jià? 휴가를 며칠 동안 가질 생각이에요?

▶ 긍정, 부정의 형태를 나열해서 의문문(정반의문문)을 나타낼 수 있는데, 이러한
의문문엔 吗를 쓰지 않습니다.

他去不去? Tā qù bu qù 그는 가니, 안 가니?

离这儿远不远? Lí zhèr yuǎn bu yuǎn? 여기에서 멀어요, 안 멀어요?

可以不可以多来一天? Kěyǐ bu kěyǐ duō lái yì tiān? 하루 더 오실 수 있나요, 없나요?

病 bìng 병, 질병

01

CD 2-40

Zhōumò dōu zài gōngzuò, bù xiǎng huó le.

周末 都 在工作 ， 不想活了。

주말까지 일하고 있다니, 더 이상 살고 싶지 않습니다.

Lǎopo / bù lǐ wǒ le
① 老婆 / 不理我了

Tā / kàn bu qǐ wǒ
② 他 / 看不起我

Qián / huāwan le
③ 钱 / 花完了

Háizi / bù tīng wǒ de huà
④ 孩子 / 不听我的话

老婆 lǎopo 아내, 처 | 不理 bù lǐ 무시하다 | 看不起 kàn bu qǐ 경시하다, 깔보다 | 钱 qián 돈 |
花 huā 쓰다 | 完 wán 다하다, 다 소모하다 | 孩子 háizi 어린(아이), 자녀

02

Lí wǒ jiā yǒu sān gōnglǐ.

离我家 有三公里 。 우리 집에서 3km예요.

zhǐyou sānbǎi mǐ
① 只有三百米

bú dào sānbǎi mǐ
② 不到300米

bú suàn yuǎn
③ 不算远

yǒudiǎnr yuǎn
④ 有点儿远

只有 zhǐyou 단지 | 米 mǐ 미터(m) | 不到 bú dào ~에 미치지 못하다 |
不算 bú suàn ~인 편이 아니다, 축에 들지 않다

Xūyào duō cháng shíjiān?

需要 多长时间？ 시간이 얼마나 걸려요?

duōshao chéngběn
① 多少成本

gùyòng duōshao zhíyuán
② 雇用多少职员

duō dà nèicún
③ 多大内存

duō gāo de Hànyǔ shuǐpíng
④ 多高的汉语水平

多少 duōshao (수량 등이) 얼마, 몇 | 成本 chéngběn 자본금 | 雇用 gùyòng 고용하다 |
内存 nèicún 메모리 | 水平 shuǐpíng 수준, 실력

Qǐng bìng jià.

请 病 假。 병가를 내다.

chǎn
① 产

bàn tiān
② 半天

le yí ge xīngqī
③ 了一个星期

ge
④ 个

产 chǎn 낳다, 출산하다 | 半天 bàn tiān 반일, 한나절

★ 병음을 보고 정확하게 읽어 봐요~

결제를 받으러 간 이 대리의 안색을 보고 이사님이 몸 상태에 대해 묻는다.

fùzǒng
Zěnme le? Liǎnsè bútài hǎo.
전머   러   리엔써   부타이   하오

Xiǎo Lǐ
Zuìjìn tiāntiān jiā bān, lèi de sǎngzi dōu yǎ le.
쭈에이진   티엔티엔   지아   반   레이   더   상즈   떠우   야   러

fùzǒng
Nǐ jiā lí zánmen gōngsī yuǎn ma?
니   지아   리   잔먼   꽁쓰   위엔   마

Xiǎo Lǐ
Shì, yǒudiǎnr yuǎn, wèishénme?
스   여우디알   위엔   웨이션머

fùzǒng
Xūyào duō cháng shíjiān?
쉬야오   뚜어   챵   스지엔

Xiǎo Lǐ
Kuài de huà, sìshí fēnzhōng,
콰이   더   화   쓰스   펀종

màn de huà, yí ge xiǎoshí.
만   더   화   이   거   시아오스

fùzǒng
Nà nǐ jīntiān qǐng jià xiūxi yì tiān, tīng wǒ de!
나   니   진티엔   칭   지아   시어우시   이   티엔   팅   워   더

Xiǎo Lǐ
Nàme, fùzǒng,
나머   푸종

wǒ néng bu néng duō xiūxi yì tiān?
워   넝   뿌   넝   뚜어   시어우시   이   티엔

副总 怎么了？ 脸色不太好。

小李 最近天天加班，累得嗓子都哑了。

副总 你家离咱们公司远吗？

小李 是，有点儿远，为什么？

副总 需要多长时间？

小李 快的话，四十分钟，慢的话，一个小时。

副总 那你今天请假休息一天，听我的！

小李 那么，副总，我能不能多休息一天？

 중국은 기차 타고 하루 이틀 가는 건 기본이라면서요?

 그건 말이죠~!

요새는 조금 빨라지긴 했어도 중국 대표 명절인 '츄언지에(췬지에) 春节 Chūnjié (설)'나 '즁치어우지에 中秋节 Zhōngqiūjié (추석)' 등에 고향집으로 간다면 하루 이틀 걸리는 건 기본이에요. 물론 사람도 엄청 많답니다. 기차는 중국어로 火车(huǒchē 후어츠어)라고 하는데 이동 거리의 범위가 넓다 보니 종류도 다양합니다. 크게 좌석에 따라 딱딱한 의자, 푹신한 의자, 딱딱한 침대, 푹신한 침대 기차가 있어요. 그러니 먼 길 갈 때는 기차 좌석을 고려하는 게 좋아요. 베이징에서 상하이로 가는 18시간을 딱딱한 의자에 허리를 90도로 세우고 앉아서 간다고 생각해 보세요~ 고문이 따로 없답니다!
'기차를 타고 간다면, 얼마나 걸려요?'를 중국어로 말해 보면 坐火车的话, 需要多长时间？ Zuò huǒchē de huà, xūyào duō cháng shíjiān?이라고 할 수 있습니다.

1 시량보어

학교에서 '정규 수업'만으로는 부족할 때 뒤에 '보충 수업'을 하듯, 문장에서도 '술어'만으로는 표현을 전달하기 부족할 때 '보어'를 씁니다. 때문에 술어의 모자란 부분을 보충해 주는 성분인 '보어'는 항상 술어 뒤에 써야 합니다. 이미 앞에서 得와 함께 정도를 표현하는 '정도보어'를 배웠는데, 이번에는 시간의 양을 표현해서 술어를 보충하는 '시량보어'에 대해서 배워 봅시다.

1) 시량보어의 위치

시량보어는 어떤 동작 행위가 진행된 시간을 나타내므로 보충하고자 하는 동작 행위 뒤에 써 주어야겠죠? 따라서 '동사술어 + 시량보어 + 목적어' 형식으로 표현합니다.

예 나는 영화를 2시간 봤다.　　　　　　　**我看了两个小时电影。**

영화를 봤다　　　　　　　　　　　　　<u>看了电影</u>
　　　　　　　　　　　　　　　　　　동사술어 + 목적어

↓

얼마 동안?　　　　　　　　　　　　　看了 시량보어 电影

↓

2시간　　　　　　　　　　　　　　　　　两个小时

↓

영화를 2시간 동안 봤다　　　　　　　看了两个小时电影

위 문장을 아래와 같이 표현할 수도 있어요.

예 2시간짜리 영화를 봤다.　　　　　看了两个小时的电影。
　　영화를 봤는데, 2시간 봤어요.　　(看)电影看了两个小时。

电影 diànyǐng 영화

2 시간과 날짜의 표현

시각과 시간, 날짜와 기간 등을 나타내는 표현이 어떻게 다른지 알아 봅시다. '언제' 발생한 일인지 나타낼 때는 술어 앞 부사어 자리에 쓰이고, '얼만큼' 발생한 일인지 나타낼 때는 술어 뒤 보어 자리에 씁니다.

시각 (언제)		시간 (시각과 시각 사이 = 얼만큼)	
몇 분	几分	몇 분간	几分钟
몇 시	几点	몇 시간	几个小时
며칠	几号	며칠 (동안)	几天
몇 월	几月	몇 개월	几个月
어느 해	哪年	몇 년 (동안)	几年

예 저는 6월에 중국어를 한 달 배웠어요.　　我6月学了一个月汉语。

3 거리 표현

거리를 나타낼 때 사용할 수 있는 표현들을 예문으로 알아 봐요.

1) 거리 간격 표현 离

기준이 되는 장소 앞에 离를 써서 '~에서, ~로부터'로 해석합니다.

예 중국은 한국에서 멀지 않아요.　　中国离韩国不远。

2) 출발점과 도착점 표현 从…到

둘 사이의 '간격·범위'를 표현할 때, 기준이 되는 시작점을 나타내는 从(cóng)과 도착점을 나타내는 到(dào)를 써서 '~에서 ~까지'로 해석합니다.

예 한국에서 중국까지는 멀지 않아요.　从韩国到中国不远。

1 그림과 어울리는 문장을 골라 연결해 보세요.

● 　　　　　　● 我今天也要加班。

● 　　　　　　● 你脸色很好，怎么了？

● 　　　　　　● 你要请假吗？

2 녹음을 듣고 적절한 대답에 체크하세요. ⊚ CD 2-42

● 不近，有点儿远！　

● 他家远一点儿。

3 다음 빈칸에 들어갈 알맞은 단어를 보기에서 고르세요.

> [보기]   **a** 小时   **b** 分钟   **c** 天   **d** 两

① 어제 한 시간 잤어요.   昨天睡了一个_____。

② 30분 기다렸습니다.   等了三十_____。

③ 전 휴가를 반나절 신청하려고 해요.   我要请半_____假。

④ 두 시간 반이 걸려요.   需要_____个半小时。

4 제시 문장을 참고로 빈칸에 들어갈 글자를 써 넣으세요.

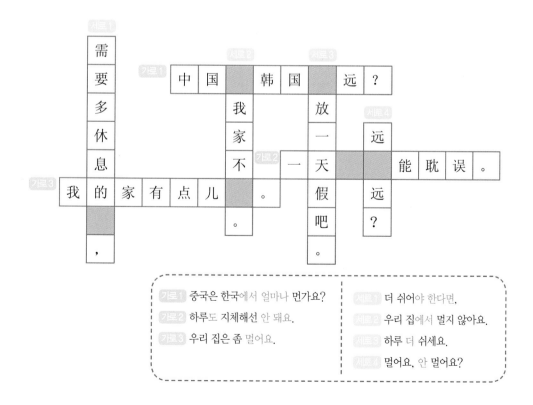

세로1 더 쉬어야 한다면,
세로2 우리 집에서 멀지 않아요.
세로3 하루 더 쉬세요.
세로4 멀어요, 안 멀어요?

가로1 중국은 한국에서 얼마나 먼가요?
가로2 하루도 지체해선 안 돼요.
가로3 우리 집은 좀 멀어요.

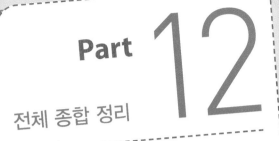

내년 초 베이징에서 할 계획이에요.

중국인 애인을 사귀게 된 이다리 친구가 이제 곧 백년 가약을 맺으려고 한다네요. 결혼소식을 들은 이다리 는 뭐라고 축하해 줄까요?

★ 표현 포인트
  1. 결혼한다면서? (听说)
  2. 어떤 사람이야?
  3. 벌써 2년이 넘었어 (시간의 경과)

★ 문법 포인트
  1. 가장 많이 활용되는 전치사 Best 5
  2. 중국어의 문장성분

◉ CD 2-43

1

A : Tīngshuō nǐ kuài jiéhūn le! Shénme shíhou?
听说你快结婚了！　　　什么时候？

해석

A : 곧 결혼한다면서! 언제?
B : 내년 초에 베이징에서 하
　　려고 계획 중이야.

새단어

听说 tīngshuō 듣자 하니
打算 dǎsuan ~할 계획이다,
　　~하려고 하다
明年 míngnián 내년
初 chū 처음의, 최초의

B : Wǒ dǎsuan míngnián chū zài Běijīng jiéhūn.
我打算明年初在北京结婚。

▶ 본인에게서 직접 들은 얘기가 아닌, 다른 이에게 전해 들은 이야기임을 나타낼 때는, '听说 +
들어서 알게 된 이야기' 형식으로 표현할 수 있어요.

听说那个人是你爱人，对吗？ 저 사람이 당신 와이프(남편이)라던데, 맞나요?
Tīngshuō nà ge rén shì nǐ àirén, duì ma?

听说你要去中国出差。 중국 출장 가신다면서요.
Tīngshuō nǐ yào qù Zhōngguó chūchāi.

▶ 어떤 행위의 구체적인 배경을 나타낼 때는 '시간(언제) + 장소(어디에서) + 상태(어떻게)'
순서로 표현합니다.

最近每天在公司加班。Zuìjìn měitiān zài gōngsī jiā bān. 요즘 매일 회사에서 야근해요.
每个月在网上报名。Měi ge yuè zài wǎngshang bàomíng. 매월 인터넷에서 신청해요.
明天在公司给我打电话！ 내일 회사에서 저에게 전화해 주세요!
Míngtiān zài gōngsī gěi wǒ dǎ diànhuà!

爱人 àirén 남편, 아내 | 网 wǎng 인터넷

CD 2-44

2

A : Tài gōngxǐ nǐ le! Tā shì shénme yàng de rén?
太恭喜你了！　他是什么样的人？

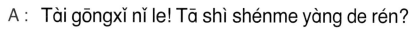

해석

A : 너무 축하한다! 어떤 사람이야?

B : 그 사람은 우리 회사 직원인데, 나한테 정말 잘해 줘.

새단어

恭喜 gōngxǐ 축하하다
样 yàng 모습, 모양
对 duì ～에, ～에게

B : Tā shì wǒmen gōngsī de zhíyuán,
duì wǒ fēicháng hǎo.

他是我们公司的职员，对我非常好。

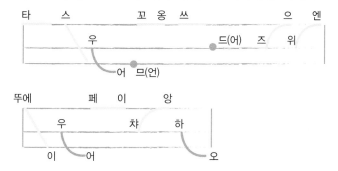

▶ 사람의 됨됨이나 사물 등의 속성이 어떠한지 알고 싶을 때는, '어떠한'이라는 의미의 '什么(무슨) + 样(모양) + 的(의)'를 써서 물어볼 수 있습니다.

你们公司是一个什么样的公司？ 당신네 회사는 어떠한 회사입니까?
Nǐmen gōngsī shì yí ge shénme yàng de gōngsī?

你要的生活是什么样的？ 당신이 원하는 생활은 어떠한 것인가요?
Nǐ yào de shēnghuó shì shénme yàng de?

▶ '동작행위나 서술의 대상'이 누구(무엇)인지 표현할 땐, 对를 써서 나타냅니다.

同事们对他不太好。 동료들은 그에게 잘해 주지 않아요.
Tóngshìmen duì tā bútài hǎo.

我对你很好奇。 Wǒ duì nǐ hěn hàoqí. 저는 당신에게 호기심이 생겨요.

我对中国感兴趣。 Wǒ duì Zhōngguó gǎn xìngqu. 저는 중국에 관심이 있어요.

生活 shēnghuó 생활 | 好奇 hàoqí 호기심 | 感 gǎn 느끼다 | 兴趣 xìngqu 관심, 흥미

3

◎ CD 2-45

A : Nǐ gēn tā jiāowǎng duō cháng shíjiān le?

你跟他交往多长时间了?

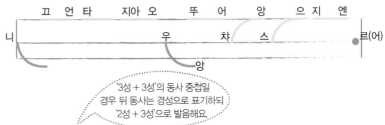

'3성 + 3성'의 동사 중첩일 경우 뒤 동사는 경성으로 표기하되 '2성 + 3성'으로 발음해요.

해석

A : 그분과 얼마나 사귀었는데?

B : 보자…, 벌써 2년이 넘었네!

B : Wǒ xiǎngxiang……, yǐjing liǎng nián duō le!

我想想……, 已经两年多了!

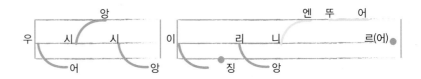

새단어

交往 jiāowǎng 교제하다, 사귀다

▶ 어떤 일이나 행동을 끝내고 난 후, 혹은 어떤 상황에 처하게 된 후 시간이 얼마나 경과했는지 물어볼 때는, '행위 / 처한 상황 + 多长时间(얼마나) + 了(되다)'로 나타낼 수 있어요.

工作多长时间了? Gōngzuò duō cháng shíjiān le? 일하신 지 얼마나 되셨어요?

结婚多长时间了? Jiéhūn duō cháng shíjiān le? 결혼하신 지 얼마나 되셨어요?

来中国多长时间了? 중국에 오신 지 얼마나 되셨어요?
Lái Zhōngguó duō cháng shíjiān le?

▶ 已经…了는 '이미, 벌써 ~했음 / ~가 되었음'을 나타냅니다.

我现在已经是科长了。 Wǒ xiànzài yǐjing shì kēzhǎng le. 전 지금 이미 과장이에요.

我已经六十岁了。 Wǒ yǐjing liùshí suì le. 전 벌써 환갑이에요.

我来中国已经两个月了。 제가 중국에 온 지 벌써 두 달 됐어요.
Wǒ lái Zhōngguó yǐjing liǎng ge yuè le.

CD 2-46

4

A : Yí dào xīnnián, nǐ yě bú shì dānshēn guìzú le.
一到新年，　你也不是单身贵族了。

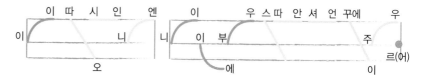

Wǒ shì nǐ de huà, wánr gòu le jiù jiéhūn!
我是你的话，　玩儿够了就结婚！

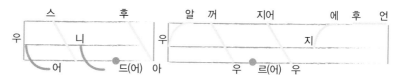

해석

A : 새해면, 너도 싱글족이
　　아니구나.
　　내가 너라면, 실컷 놀고
　　나서 결혼하겠다!

새단어

新年 xīnnián 새해
单身 dānshēn 독신, 싱글
贵族 guìzú 귀족
够 gòu 충분하다

▶ 계획이나 상황에 변화가 생겨 '더 이상 ~하지 않음'을 표현할 때, '不…了' 형식으로 나타낼 수 있습니다.

不去了。Bú qù le. 안 가게 되었어요.

我醉了，不喝了。Wǒ zuì le, bù hē le. 저 취했어요. 더 안 마실래요.

下个月开始，我不在这儿工作了。다음 달부터 (더 이상) 여기에서 일 안 해요.
Xià ge yuè kāishǐ, wǒ bú zài zhèr gōngzuò le.

▶ 'A 了就 B' 형식은 '먼저 A하고 나서, B함' 혹은 'A라는 조건이 있으면, 당연히 B라는 결론이 있음'을 의미합니다.

她下了班就做什么？그녀는 퇴근하고 나서 무엇을 하나요?
Tā xià le bān jiù zuò shénme?

学了就要用！Xué le jiù yào yòng! 배웠으면 사용해야 한다!

她到了，你就告诉我吧。그녀가 도착하면, (당신이) 저에게 알려 주세요.
Tā dào le, nǐ jiù gàosu wǒ ba.

醉 zuì 취하다

CD 2-47

01

Tīngshuō nǐ kuài jiéhūn le!

听说 你快结婚了！ 너 곧 결혼한다면서!

tāmen hézuò de hěn hǎo
① 他们合作得很好

míngtiān kěnéng yào xià yǔ
② 明天可能要下雨

yào tuīchū xīn chǎnpǐn
③ 要推出新产品

yǐjing zhèngshì shàng shì le
④ 已经正式上市了

下 xià 내리다 | 雨 yǔ 비 | 推出 tuīchū 내놓다, 출시하다 | 新 xīn 새롭다 |
产品 chǎnpǐn 상품, 제품 | 正式 zhèngshì 정식의, 공식의 | 上市 shàng shì 론칭하다, 출시하다

02

Wǒ duì Zhōngguó hěn gǎn xìngqu.

我对 中国 很 感兴趣。 나는 중국에 관심이 있다.

zhè fèn gōngzuò / bútài
① 这份工作 / 不太

guójì jīngjì / fēicháng
② 国际经济 / 非常

guówài shēnghuó / hěn
③ 国外生活 / 很

qián / zhēn
④ 钱 / 真

份 fèn 몫, 배당 | 国际 guójì 국제 | 经济 jīngjì 경제 | 国外 guówài 해외

03

Nǐ gōngzuò duō cháng shíjiān le?

你工作 多长时间了? 당신은 얼마나 오래 일했나요?

Nǐ děng
① 你等

Nǐ jiè yān
② 你戒烟

Nǐmen rènshi
③ 你们认识

Nǐ àirén huáiyùn
④ 你爱人怀孕

戒 jiè 끊다 | 烟 yān 담배 | 怀孕 huáiyùn 임신하다

04

Tā dào le, nǐ jiù gàosu wǒ ba.

她到 了, 你就 告诉我 吧。 그녀가 도착하면 넌 바로 나에게 알려 줘.

Tā lái / chūfā
① 他来 / 出发

Zuòwan / huí jiā
② 做完 / 回家

Bànwan / bāng wǒ kànkan
③ 办完 / 帮我看看

Chīwan / qù jiāo bàogào
④ 吃完 / 去交报告

帮 bāng 돕다

결혼을 앞둔 친구와 이 대리의 대화

Xiǎo Lǐ

Tīngshuō nǐ kuài jiéhūn le! Shénme shíhou?

팅슈어 니 콰이 지에휜 러 션머 스허우

péngyou

Wǒ dǎsuan míngnián chū zài Běijīng jiéhūn.

워 다수안 밍니엔 추 짜이 베이징 지에휜.

Xiǎo Lǐ

Tài gōngxǐ nǐ le! Tā shì shénme yàng de rén?

타이 꽁씨 니 러 타 스 션머 양 더 런

péngyou

Xièxie! Tā shì wǒmen gōngsī de zhíyuán,

씨에시에 타 스 워먼 꽁쓰 더 즈위엔

duì wǒ fēicháng hǎo.

뚜에이 워 페이챵 하오

Xiǎo Lǐ

Nǐ gēn tā jiāowǎng duō cháng shíjiān le?

니 껀 타 지아오왕 뚜어 챵 스지엔 러

péngyou

Wǒ xiǎngxiang……, yǐjing liǎng nián duō le!

워 시앙시앙 이징 리앙 니엔 뚜어 러

Xiǎo Lǐ

Yí dào xīnnián,

이 따오 신니엔

nǐ yě bú shì dānshēn guìzú le.

니 예 부 스 딴션 꾸에이주 러

Wǒ shì nǐ de huà, wánr gòu le jiù jiéhūn!

워 스 니 더 화 왈 꺼우 러 지어우 지에휜

★ 한자만 보고 정확하게 읽어 봐요~

小李 听说你快结婚了！(7과) 什么时候？

朋友 我打算明年初在北京结婚。(3과)

小李 太恭喜你了！他是什么样的人？(4과)

朋友 谢谢！他是我们公司的职员，对我非常好。(3과)

小李 你跟他交往多长时间了？(11과)

朋友 我想想……，(7과) 已经两年多了！(1과)

小李 一到新年，你也不是单身贵族了。(8과)

我是你的话，(11과) 玩儿够了就结婚！

 중국의 국제결혼 절차는 어떠한가요?

 그건 말이죠~!

중국에는 한국의 혼인증명서와 비슷한 개념으로 '결혼 공증서'가 따로 있습니다. 이 증서를 받으려면 수첩처럼 생긴 '결혼증(结婚证 jiéhūnzhèng)'이 필요한데, 중요한 건 중국에서 먼저 혼인신고를 할 경우만 발급이 가능하다는 거예요. 여러 가지 서류를 갖추고 배우자 주소 관할에 있는 '국외혼인등기처'에서 '결혼증'을 만들어 혼인 신고를 하면 '결혼 공증서'를 발급받을 수 있게 됩니다. 결혼식을 한국에서 할 때는 '초청인(한국인)'이 각종 서류를 관할 출입국 비자 심사에 제출하여 중국 가족(배우자)을 초청하는데, 재미있는 건 구비 서류 중에 '최근 3개월 간의 통화내역서'도 있답니다. 두 사람 사이에 태어난 아이의 국적은 부모의 결정에 따라 하나의 국적을 선택할 수 있습니다.

1 가장 많이 활용되는 전치사 Best 5

1) 在 zài (어디)에서

전치사 在는 '장소 부사어(어디에서)'를 표현할 때 활용합니다.

예 집에서 본다　　在家看

아래 전치사들은 보통 '상태 부사어(어떻게)'를 표현할 때 활용합니다.

2) 给 gěi (누구 / 어디)에게 / 에 '동사'해 주다

예 너에게 보여 주다　　给你看

3) 对 duì (행위의 대상)에 / 에게 / 대하여

예 너에게 좋다(잘해 주다)　　对你好

4) 跟 gēn (관련 대상)과 / 와 (= 和 hé)

예 너와 본다　　跟你看

5) 从 cóng (기준점 / 출발점 / 시작점)에서 ↔ 到 dào (도착점)까지

전치사 从과 到는 '시간 부사어(언제)' 표현에도 많이 활용됩니다.

예 7시부터 9시까지　　从7点到9点

아래 예문들을 통해서 5가지 전치사의 다양한 쓰임을 익혀 봅시다.

예 저녁에 나는 7시부터 9시까지 집에서 친구에게 영화를 보여 준다.
晚上我<u>从7点到9点在家给朋友</u>看电影。
　　　　　　부사어

저녁에 나는 7시부터 9시까지 집에서 친구와 함께 영화를 본다.
晚上我<u>从7点到9点在家跟朋友</u>一起看电影。
　　　　　　부사어

나와 내 친구는 영화에 흥미가 있다.
<u>我和我朋友</u> <u>对电影</u>感兴趣。
　주어　　　부사어

미국과 중국은 한국에 우호적이다.
<u>美国和中国</u> <u>对韩国</u>很好。
　주어　　　부사어

미국은 중국과 한국에 우호적이다.
<u>美国</u> <u>对中国和韩国</u>很好。
　주어　　　부사어

2 중국어의 문장 성분

1) 중국어의 기본 문장 성분 3가지

① 주어 : 화자가 화제로 제시한 것이나 서술 대상

예 나는 회사원이다.　　　我是公司职员。

나는 남동생이 있다.　　　我有弟弟。

② 술어 : 앞에서 제시된 화제에 대한 설명이나 서술

예 나는 회사원이다.　　　我是公司职员。

나는 남동생이 있다.　　　我有弟弟。

③ 목적어 : 술어가 원하는 성분

예 나는 회사원이다.　　　我是公司职员。

(→ '이다'라는 동사 是가 원하는 건 '판단 결과', 난 뭐? 회사원!)

나는 남동생이 있다.　　　我有弟弟。

(→ '있다'라는 동사 有가 원하는 건 '소유 대상', 뭐가 있어? 남동생!)

2) 중국어의 수식 성분 2가지

① 부사어 : 형용사나 동사(일반적으로 술어 역할을 한다)를 수식하는 성분으로 전체 문장의 '시간 · 공간 · 상황적' 배경이 되는 역할

예 나는 예전에 한국에서 일했다. (→ 시간적 배경)　　　我以前在韩国工作。

나는 예전에 한국에서 일했다. (→ 공간적 배경)　　　我以前在韩国工作。

나는 예전에 한국에서 중국동료와 함께 일했다. (→ 상황적 배경)

我以前在韩国跟中国同事一起工作。

② 관형어 : 명사(일반적으로 주어 / 목적어 역할을 한다)를 수식하는 성분

예 나는 한 사람의 평범한 회사원이다.　我是(一)个普通的公司职员。

나는 잘생긴 남동생 한 명이 있다.　我有一个很帅的弟弟。

3) 보충 성분 1가지

보어 : 술어 성분 뒤에서 술어를 보충하는 성분

예 나는 일한 지 10년이 되었다.　　　我工作十年了。

(→ '10년'이라는 '시간의 양'을 보충)

나는 30분 동안 보았다.　　　我看了半个小时。

(→ '30분 (동안)'이라는 '시간의 양'을 보충)

一起 yìqǐ 함께 | 弟弟 dìdi 남동생 | 普通 pǔtōng 보통이다, 평범하다 | 帅 shuài 잘생기다, 멋지다

1 그림과 어울리는 문장을 골라 연결해 보세요.

12시, 로비!

● 　　　　　　　　　 ● 我明年不在这儿工作了！

● 　　　　　　　　　 ● 明天我跟小张去。

● 　　　　　　　　　 ● 十二点在大厅见！

2 녹음을 듣고 적절한 대답에 체크하세요. CD 2-49

● 我一下班就回家学习。 ☐

● 是，我今天要加班。 ☐

3 각자 다음 질문에 대답해 본 후, 서술문 형식으로 자신의 상황을 이야기해 보세요.

① 你结婚了吗?

② 怎么称呼你爱人(对象 / 男朋友 / 女朋友)? 他(她)今年多大?

③ 他(她)做什么工作?

④ 你们认识多长时间了?

⑤ 你现在有工作吗?

⑥ 工作多长时间了?

⑦ 你现在没有工作的话，你希望做什么样的工作?

⑧ 你们公司是一家什么样的公司?

⑨ 你们公司在哪儿? 离你(的)家远不远?

⑩ 到公司需要多长时间?

⑪ 你们公司一年都放几天假?

⑫ 最近过得怎么样? (工作－忙 / 身体－累)

⑬ 一到周末你就想做什么?

⑭ 今天几月几号，星期几?

⑮ 你平时睡几个小时?

⑯ 你昨天睡得怎么样? (= 睡得好吗?)

⑰ 你现在汉语说得怎么样，能跟中国人说话了吗?

⑱ 你(学)汉语学了多长时间汉语? 还在学吗?

⑲ 打算再学多长时间?

对象 duìxiàng (연애나 결혼) 상대 | 男朋友 nánpéngyou 남자친구 | 女朋友 nǚpéngyou 여자친구 | 希望 xīwàng ~하기를
바라다, 희망

연습문제 정답

part 01

1

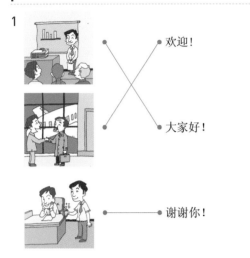

欢迎!

大家好!

谢谢你!

2 (녹음) 谢谢!
 (정답) 不谢!(○)

3 ① a   ② c   ③ b   ④ d

4

		他		
我	也	没	吃	。
	不		了	
她	去	。	。	
	。			

part 02

1

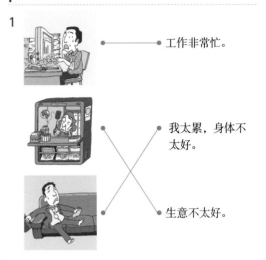

工作非常忙。

我太累, 身体不太好。

生意不太好。

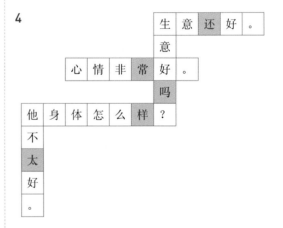

2 (녹음) 李总在吗?
 (정답) 他不在, 出去了!(○)

3 ① b   ② a   ③ d   ④ c

4

		生	意	还	好	。
			意			
	心	情	非	常	好	。
				吗		
他	身	体	怎	么	样	?
不						
太						
好						
。						

part 03

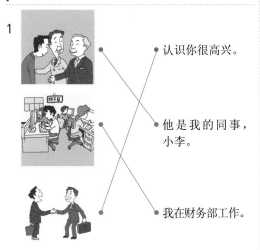

1

认识你很高兴。

他是我的同事，小李。

我在财务部工作。

2 (녹음) 您贵姓?

(정답) 我姓李，叫韩国。(○)

3 ① e　② b　③ d, c　④ a

4

```
            他
            是
            谁
你 是 哪 个 部 门 的 职 员 ?
    叫           同
    什           事
怎 么 称 呼 您 ?  ?
    名     贵
    子     姓
    ?     ?
```

part 04

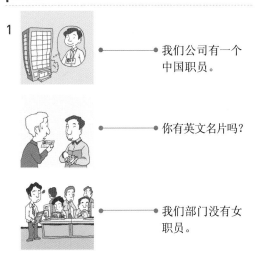

1

我们公司有一个中国职员。

你有英文名片吗?

我们部门没有女职员。

2 (녹음) 你们总公司在哪儿?

(정답) 在韩国。(○)

3 ① b, d　② a　③ c　④ d

4

```
            你 来 自 哪 儿 ?
        这     做
你 们 公 司 是 一 家 什 么 公 司 ?
没         北     么
有         京     工
名         分     作
片         公     ?
吗         司
?         的
          总
          裁
          。
```

part 05

1

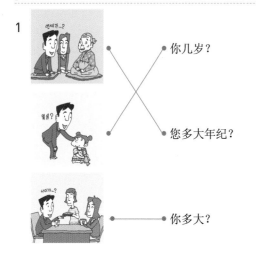

你几岁？

您多大年纪？

你多大？

2 (녹음) 你在哪家公司工作?
   (정답) 我在一家贸易公司工作。(○)

3 ① 他叫<u>李在根</u>。今年29岁。
   ② 他是公司职员。
   ③ 他们公司是一家<u>进出口贸易</u>公司。
   ④ 他在财务部工作。
   ⑤ 现在他在北京。

4 [참고 답안]
   我叫<u>李在根</u>。
   我属狗，今年29岁。
   我是<u>公司职员</u>。现在我在<u>北京</u>。我<u>08年开始</u>
   工作。
   我们公司是一家<u>进出口贸易</u>公司。我在<u>财务</u>
   部工作。
   我工作<u>不太忙</u>，最近身体很好。
   同事们都叫我"<u>闲人</u>"。

part 06

1

我在打电话呢！

我最近在学汉语。

我没在玩儿，
在会见客户。

2 (녹음) 今天星期几?
   (정답) 今天星期四！(○)

3 ① c   ② a   ③ d   ④ b

4

part 07

1

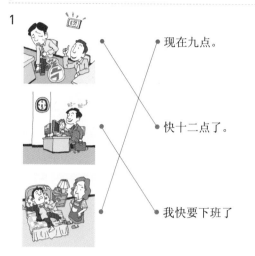

现在九点。

快十二点了。

我快要下班了

2 (녹음) 现在几点?

(정답) 现在两点三刻。 (○)

3 ① b ② a ③ a ④ a

4

```
                快
                一
          没    点
      我   有 点 儿 忙 。
   总 裁 快 要 下 班 了 。 ！
      到
现 在 几 点 了 ?
      。
```

part 08

1

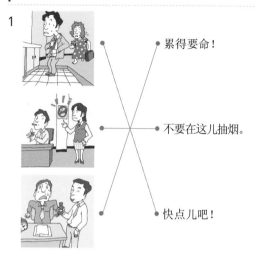

累得要命！

不要在这儿抽烟。

快点儿吧！

2 (녹음) 你一上班就做什么?

(정답) 我一到公司就看报。 (○)

3 ① a ② b ③ c ④ b

4

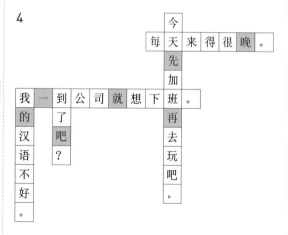

```
            今
   每 天 来 得 很 晚 。
            先
            加
我 一 到 公 司 就 想 下 班 。
的   了       再
汉   吧       去
语   ?       玩
不           吧
好           。
。
```

part 09

1

 1 怎么办！<u>快</u>12点了！
今天 <u>不要</u> 回家！

 2 我也 <u>不想</u> 回家，
可是我爸爸 <u>太</u> 严格 <u>了</u>，
<u>不能</u>不回家。

 3 爸爸！今天我 <u>要</u> 加班，
我 <u>可以</u> 外宿吗?
可以。

 **4** 亲爱的！
今天我 <u>不用</u> 回家 <u>了</u>。
<u>太好了</u>！

2 (녹음) 我们去喝酒吧。
(정답) 可以！(○)

3 ① a   ② c   ③ c   ④ b

4

		不		
		想		
我	不	会	喝	酒	。
		可		。
		以		
你	想	回	家	休	息	吗	?
	不	家		
你	要	喝	吗	?
	去	?		
	喝			
	酒			
	!			

part 10

1

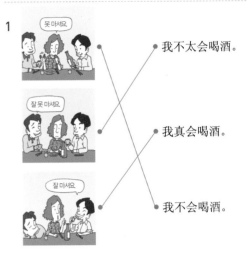

我不太会喝酒。

我真会喝酒。

我不会喝酒。

2 (녹음) 你在做什么?
(정답) 我在学习。 (○)

3 ① 不太说会(汉语)。现在能当翻译了。
② 他最近在准备晋升考试。
③ 他一下班就回宿舍学习。
④ 12点多睡，睡得晚。
⑤ 最近副总不在中国，工作不太忙。

4 [참고 답안]
我以前会(说)一点儿汉语。
现在说得说得很不错。
我最近正在准备考试。
我一下班就回宿舍学习。
我平时 11 点睡，睡得有点儿早。
我最近过得 非常好。

part 11

1
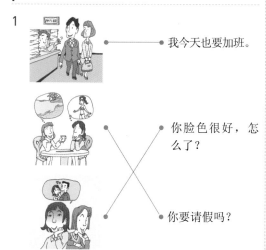

我今天也要加班。

你脸色很好，怎么了？

你要请假吗？

2 (녹음) 你们公司离你家远不远？
(정답) 不近，有点儿远！ (○)

3 ① a　　② b　　③ c　　④ d

4

part 12

1
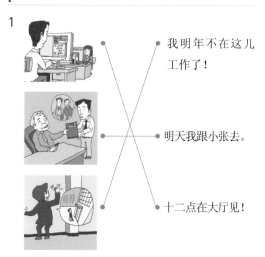

我明年不在这儿工作了！

明天我跟小张去。

十二点在大厅见！

2 (녹음) 你每天下了班就做什么？
(정답) 我一下班就回家学习。 (○)

3 [참고 답안]
① 我已经结婚了。/ 我还没结婚。 (1과)
② 我有女朋友叫李英爱，她27岁。(5과)
③ 她在学校工作。(4과)
　　xuéxiào 학교
④ 我们交往一年了。(11과)
⑤ 我现在是公司职员。/ 我不工作。
⑥ 我工作三年了。(11과)
⑦ 我现在没有工作的话，希望当公务员。 (11과)
　　gōngwùyuán 공무원
⑧ 我们公司是一家贸易公司。(4과)
⑨ 我们公司在首尔，离我家不太远。(11과)
⑩ 到公司需要40分钟。(11과)
⑪ 我们公司一年放十二天假。(11과)
⑫ 我最近过得不太好。工作很忙，身体有点儿累。
　　(1과 / 8과)
⑬ 我一到周末就想见女朋友。(8과)
⑭ 今天12月1号，星期三。(6과)
⑮ 我平时睡了六个小时。 (11과)
⑯ 我昨天睡得好，睡得有点儿晚，今天起得很晚。
　　(7과)
⑰ 我现在汉语说得不错了。我能跟中国人说话了。/
　　我还不能跟中国人说话。(7과)
⑱ 我汉语学了两年 / 6个月，(11과) 还在学。(6과)
⑲ 我还打算学汉语，打算再学一年 / 8个月。

외국어 출판 40년의 신뢰
외국어 전문 출판 그룹
동양북스가 만드는 책은 다릅니다.

40년의 쉼 없는 노력과 도전으로 책 만들기에 최선을 다해온 동양북스는
오늘도 미래의 가치에 투자하고 있습니다.
대한민국의 내일을 생각하는 도전 정신과 믿음으로 최선을 다하겠습니다.

📖 동양북스 추천 교재

일본어 교재의 최강자, 동양북스 추천 교재

회화 코스북

일본어뱅크 다이스키
STEP 1·2·3·4·5·6·7·8

일본어뱅크
좋아요 일본어 1·2·3

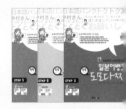

일본어뱅크 도모다찌
STEP 1·2·3

분야서

일본어뱅크
NEW 스타일 일본어 문법

일본어뱅크
일본어 작문 초급

일본어뱅크
사진과 함께하는
일본 문화

일본어뱅크
항공 서비스 일본어

가장 쉬운 독학
일본어 현지회화

수험서

일취월장 JPT
독해·청해

일취월장 JPT
실전 모의고사 500·700

일단 합격하고 오겠습니다
JLPT 일본어능력시험
N1·N2·N3·N4·N5

일단 합격하고 오겠습니다
JLPT 일본어능력시험
실전모의고사 N1·N2·N3·N4/

단어·한자

특허받은
일본어 한자 암기박사

일본어 상용한자 2136
이거 하나면 끝!

일본어뱅크
New 스타일 일본어 한자 1·2

가장 쉬운 독학
일본어 단어장

일단 합격하고 오겠습니다
JLPT 일본어능력시험
단어장 N1·N2·N3

중국어 교재의 최강자, 동양북스 추천 교재

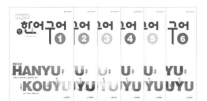

중국어뱅크 북경대학 신한어구어
1·2·3·4·5·6

중국어뱅크 스마트중국어
STEP 1·2·3·4

중국어뱅크 집중중국어
STEP 1·2·3·4

중국어뱅크
문화중국어 1·2

중국어뱅크
관광 중국어 1·2

중국어뱅크
여행실무 중국어

중국어뱅크
호텔 중국어

중국어뱅크
판매 중국어

중국어뱅크
항공 서비스 중국어

중국어뱅크
시청각 중국어

정반합 新HSK
1급·2급·3급·4급·5급·6급

버전업! 新HSK 한 권이면 끝
3급·4급·5급·6급

버전업! 新HSK
VOCA 5급·6급

가장 쉬운 독학 중국어 단어장

중국어뱅크
중국어 간체자 1000

특허받은
중국어 한자 암기박사

📖 동양북스 추천 교재

기타외국어 교재의 최강자, 동양북스 추천 교재

중고급 학습

첫걸음 끝내고 보는
프랑스어
중고급의 모든 것

첫걸음 끝내고 보는
스페인어
중고급의 모든 것

첫걸음 끝내고 보는
독일어
중고급의 모든 것

첫걸음 끝내고 보는
태국어
중고급의 모든 것

단어장

버전업! 가장 쉬운
프랑스어 단어장

버전업! 가장 쉬운
스페인어 단어장

버전업! 가장 쉬운
독일어 단어장

여행 회화

NEW 후다닥
여행 중국어

NEW 후다닥
여행 일본어

NEW 후다닥
여행 영어

NEW 후다닥
여행 독일어

NEW 후다닥
여행 프랑스어

NEW 후다닥
여행 스페인어

NEW 후다닥
여행 베트남어

NEW 후다닥
여행 태국어

수험서 · 교재

한 권으로 끝내는 DELE
어휘 · 쓰기 · 관용구편 (B2~C1)

수능 기초 베트남어
한 권이면 끝!

버전업!
스마트 프랑스어

일단 합격하고 오겠습니다
독일어능력시험
A1 · A2 · B1 · B2(근간 예정)